Karl Geck

Erwachsen werden in Liebesdingen

Die neue Kunst der Partnerschaft

Walter Verlag

Die Deutsche Bibliothek – CIP-Einheitsaufnahme

Geck, Karl:
Erwachsen werden in Liebesdingen : die neue Kunst der
Partnerschaft / Karl Geck. – Zürich ; Düsseldorf : Walter, 1997
ISBN 3-530-40018-1

© 1997 Patmos Verlag GmbH & Co. KG
Walter Verlag, Düsseldorf und Zürich
Alle Rechte, einschließlich derjenigen des auszugsweisen
Abdrucks sowie der fotomechanischen und elektronischen
Wiedergabe, vorbehalten.
3. Auflage 2000
Satz: Utesch Satztechnik GmbH, Hamburg
Druck und Verarbeitung: Lengericher Handelsdruckerei, Lengerich
ISBN 3-530-40018-1

In liebender Ehrfurcht und Dank gewidmet: Lucia Celeste, Jeanne, Betty und Lia, dem blauen Wunder; Werner, Walther, Uwe, Baba, den Kids – und, last, not least, mir selbst und allen Menschen in meinem Liebes-Leben – vergangenen, gegenwärtigen und zukünftigen.

Inhalt

Teil 2: Von Utopien und Visionen

Teil 3: Vom wünschenswerten Ende der Dreiecksproblematik

Teil 4: Große Worte: Von Scham zu Selbstliebe

Vorwort

*H*eute kann uns niemand mehr, auf keinem Gebiet, auch nicht in unseren Liebesbeziehungen, wirklich sagen, was recht und was unrecht, richtig oder falsch ist. Ob wir es wollen oder nicht, jeder von uns muß sich seine Antworten selbst erfinden und die ungeteilte Verantwortung für das eigene Liebesglück übernehmen.

Wir befinden uns in einem riesigen Experiment: Was heißt Liebe, und was heißt lieben?

Wir sind zugleich die Entwerfenden des Experiments, die Experimentierenden und die, die das Experiment und seine Auswirkungen leben.

Bewußt oder unbewußt getrieben.

Das Buch erwuchs aus einer wunderschönen Liebesgeschichte. Die dauerte so lange, wie sie das tat, und zog dann weiter zu den nächsten, die sie mit sich beschenkte.

Geblieben und zur Selbstverständlichkeit in meinem Leben geworden ist *Liebe,* die ihre Quelle in mir selbst hat. Ich bin *Liebender* geworden und lebe das immer neu, so gut ich gerade kann, in die Welt hinaus. Das ist manchmal ganz schön aufregend, aber anders will ich es nicht mehr haben.

Die mit «L.» signierten Zitate stammen von Lia. In der Liebe zu ihr bin ich mir immer wieder selbst begegnet. Alle Fallgeschichten und Episoden sowie die tagebuchartigen persönlichen Abschnitte habe ich so geschrieben, daß das, worum es jeweils geht, für die Leserinnen und Leser sinnlich nachvollziehbar wird, die handelnden Menschen jedoch nicht identifizierbar sind und sich, das hoffe ich, mit liebenden, anteilnehmenden Augen gesehen und beschrieben erleben.

Das Buch richtet sich an Menschen, die in ihrem Liebes-

Leben erwachsen werden und Wunder erfahren wollen. Gedacht ist es als Lesebuch, als Anregungen für die lebendige Auseinandersetzung mit der Wirklichkeit der eigenen Liebesbeziehungen und den Sehnsüchten, die darüber hinausgehen.

Es ist Ermutigung für alle, die herausfinden wollen, wie sie ihre Beziehungen lustvoll, erfüllt und mit einem Minimum an Leiden leben können, ohne dafür eine schale Oberflächlichkeit in Kauf zu nehmen, für Menschen, die bereit sind, das Wagnis einzugehen, in ihrem Liebes-Leben den Sprung vom «Opfer»- zum «Tätersein» zu machen.

Stell dir vor, kurz vor deinem Tod würdest du gefragt:
«Wie hätte dein Liebes-Leben sein sollen?»
Und du würdest antworten:
«Genau so, wie es war!»

Teil 1:

Liebesbeziehungen im Wandel

Jeder ist seiner Liebe Schmied.

Vom Gestern zum Morgen

*I*ch staune immer wieder, wie sehr die Welt des Jahres 1997 sich von der unterscheidet, in die ich 1942 hineingeboren wurde. Ich staune, wie selbstverständlich mir das alles ist, obwohl sich der Wandel ja beileibe nicht auf Äußerlichkeiten und Oberflächlichkeiten beschränkt. Viele Grundannahmen übers Leben, darüber, was es heißt, Mensch zu sein, über Beziehungen von Menschen untereinander, sind oft genau das Gegenteil von dem, was mir in meiner Jugend als richtig und gut vermittelt wurde.

Im Bereich von Beziehungen und Sexualität zum Beispiel hat sich vieles, was damals für mich selbstverständlich war, in Schall und Rauch aufgelöst. Ein kleines Beispiel nur:

Als Medizinstudent las ich 1962 in einem gynäkologischen Lehrbuch aus den Vierzigern, daß «normale» Frauen kein heftiges sexuelles Begehren und keine intensive sexuelle Erlebnisfähigkeit hätten.

Heute erscheint das grotesk. Es paßte aber zu einer diffusen Überzeugung, die damals nicht nur ich mit mir herumtrug: «Frauen tun's nur den Männern zuliebe.»

Solche Erinnerungen bewirken höchstens ein mitleidiges Lächeln über die damalige Dummheit und Verklemmtheit. Oft vergesse ich dabei, daß das Heutige nicht wirklicher, wahrer oder besser ist und daß es letztlich keinen allgemeingültigen Maßstab dafür gibt, was richtig und was falsch ist, was gesund und was krank, was sittlich und was unsittlich. In einigen Jahren wird die heutige Liebeswirklichkeit wahrscheinlich genauso fremd und absurd erscheinen. Was letztlich zählt, ist die Wirkung dessen, was wir für wahr und richtig halten.

Von den Beziehungen zum Beispiel, die auf wechselseitigem Besitz und auf Abwehr von Liebe zu anderen («Du gehörst mir!») basieren, gibt es nur wenige, in denen ein echtes Liebes-Leben gewachsen ist. In den meisten kommt es entweder zu Anpassung – man hat sich dann für Fernsehen, Dosenbier und Knabbernüsse (oder, ein bißchen verfeinerter, für alten Chianti und ein Zweitdomizil in der Toskana) entschieden statt für ein pralles und intensives Leben – oder, wenn das resignative Arrangement nicht durchzuhalten ist, zu wechselseitiger Verletzung, destruktiven Ausbruchsversuchen und Tragödien.

Wenn wir so nicht leben wollen, müssen wir Risiken eingehen und offen experimentieren, um in unserer Lebenswirklichkeit und nicht nur in unseren Träumen Liebe willkommen zu heißen. Vielleicht können wir dann die Erfahrung machen, daß Liebe zu einem dritten Menschen nicht unbedingt eine Bedrohung für eine bestehende Beziehung darstellen *muß*.

Wir müssen wieder unterscheiden zwischen «sachlichen» Beziehungen einerseits und «Liebesbeziehungen» andererseits. Bei den ersteren geht es darum, in Verantwortung, Achtung und Solidarität einen verläßlichen und verbindlichen Rahmen zu schaffen, da wo er notwendig ist, wie zum Beispiel in einer Familie mit noch kleinen Kindern. Ein anderes Beispiel für das, was ich unter «sachlicher» Beziehung verstehe, ist die Regelung der kleinen Fragen des Familienalltags und der notwendigen langfristigen Planungen, das Aushandeln und Leben der jeweiligen komplementären Rollen.

Liebesbeziehungen hingegen können keinen Anspruch auf Verbindlichkeit und Beständigkeit haben. In ihnen wird die Auseinandersetzung mit Eifersucht und hoffnungsvollerweise ihrer Verabschiedung als ein *Ding,* das naturgegebenerweise zu Liebesbeziehungen Erwachsener gehören *muß*, zentral sein.

Vor kurzem sprach ich mit Freunden. Wir waren uns einig, daß es bei Eifersucht letztlich nicht darum geht, ob die von mir geliebte Person jemand anders liebt. Was zählt, ist: Lebt sie einen Lebensentwurf, der meinen gefährdet?

Einer der Freunde, überzeugter Schulmediziner, dessen Frau,

ebenfalls Ärztin, sich einer spirituell orientierten Medizin zuwendet, erzählte, daß er ihre Entwicklung nicht nachvollziehen könne und auch kein Interesse habe, sich ein Verständnis dafür zu erarbeiten. Er denke aber auch nicht im Traum daran, sie ins Unrecht zu setzen oder sie zu hindern. So gut er das könne, fördere er sie auf *ihrem* Weg. Diese für ihn fremde Welt ziehe *ihn,* die Person, die er jenseits ihrer Beziehung *für sich* sei, nicht an. Sehr viel Kreativität und Zeit seiner Frau flössen in diesen Bereich ihres Lebens. Es sei eine Art Liebesbeziehung, und manchmal habe er Eifersuchtsgefühle. Aber schließlich sei keiner von ihnen der Besitz des anderen und habe so zu sein, wie der andere ihn zu brauchen meine.

Es sei wichtig für ihn, konfrontiert zu werden damit, daß das, was er für wahr und für richtig halte, es nur deshalb sei, weil *er* es eben für wahr und für richtig halte. Eine solche offene Haltung sei natürlich auch für ihn nicht immer selbstverständlich und leicht. Er sei nicht verschont von Gefühlen, «die sich nicht so gut anfühlen». Aber Gefühle seien nicht die alleinige Basis für sein Verhalten.

Wir sprachen von einer Welt, in der wir im Rahmen unserer verbindlichen Beziehungen tausend bunte Blumen aufblühen lassen können, vor denen wir ehrfürchtig staunend stehen, an deren Farbe, Duft und Üppigkeit wir uns erfreuen und durch die wir gewahr werden können: Wir selbst sind solch bunte Blumen, die immer wieder andere Formen annehmen können und in sich die Fülle all dessen enthalten, was es gibt. – Und wir kamen uns nicht einmal naiv vor dabei; denn wir finden heute Lebensbedingungen vor, die die Verwirklichung solcher «Träume» möglich erscheinen lassen.

In vielen Liebesbeziehungen scheint diese Neuigkeit noch nicht angekommen zu sein. Sie sind im Grunde Bollwerke gegen das Leben und die Angst, allein zu sein. Ich meine damit nicht physisches Alleinsein, sondern das Auf-mich-gestellt-Sein in der verwirrenden Welt, mit nichts als meinen eigenen Wahrnehmungen, meiner eigenen Weltsicht, meinen Werten, meinen

Ängsten vor der Abgründigkeit des Lebens, meinen Abhängig-
keiten …

Daß dieses vermeintliche Bollwerk eine Illusion ist, die jeden
Moment zusammenkrachen kann, ist bei nüchternem Hinschau-
en eine Binsenweisheit. Ein tödlicher Unfall meines Lebenspart-
ners zum Beispiel ist immer nur einen Herzschlag entfernt.

Sie ist gefährlich, diese Illusion, weil sie uns hindert, uns der
Tatsache zu stellen, daß es letztlich keine Sicherheit und keine
Kontrolle über das Leben gibt. Solange wir uns dieser Konfrontation entziehen, können wir nicht er-leben, daß wir keine zu
lebenslänglicher Abhängigkeit verdammten, der Ergänzung be-
dürftigen Mängelwesen sind, sondern in uns vollständige kleine
Mikrokosmen, die den ganzen Makrokosmos in sich enthalten.
Erst dann sind wir nicht mehr auf *andere* angewiesen, die uns
unsere Existenzberechtigung, *unser* Selbstwertgefühl, *unser* Geborgensein, *unser* Glück gewähren oder verweigern können.

> Im Wissen
> daß wir
> all-eins sind
> kann ich
> mit Dir
> eins-am sein
> L.

Natürlich brauchen wir materielle Grundvoraussetzungen: aus-
reichende Ernährung, ein Dach über dem Kopf, Wärme, eine
gewisse soziale Sicherheit und anderes mehr. Diese sind für die
meisten Menschen im Westen heute trotz aller Krisen (noch) so
selbstverständlich gegeben wie bisher für keine Generation.

Es geht bei dem, was ich unter Liebesbeziehung verstehe, nicht
um «Dinge», die materielle Wirklichkeit besitzen, sondern um
spirituelle und emotionale Grundbedürfnisse. Hier sind wir als
Erwachsene nicht auf eine *spezifische* andere Person angewiesen.

Das bedeutet keineswegs karge Selbstgenügsamkeit. Im Gegenteil. Je mehr ich um meine Vollständigkeit weiß und sie lebe, um so mehr kann ich elegante, nährende, ekstatische, ehrfürchtige, göttliche und menschliche Beziehungen erschaffen. Nicht nur mit anderen *Menschen,* sondern mit all den Wesen, die die Fülle des Lebens bedeuten. Wenn ich um meine Vollständigkeit weiß, werde ich zum eleganten Tänzer im großen Tanz des Lebens, statt ängstlich verkrampfter Tolpatsch zu bleiben, der sich an seine Partner krallt und sie – ob sie nun wollen oder nicht – über die Tanzfläche schubst, ängstlich darauf bedacht, daß niemand sie ihm abspenstig macht, und immer in Furcht, sie könnten ihn verlassen.

Nüchtern betrachtet:

In den meisten Dauerbeziehungen geht es nicht um Liebe, es geht um Besitzen, Verteidigen, Kontrollieren und Abwehren – darum, etwas zu bekommen und etwas anderes loszuwerden. Es geht in ihnen darum, das Leben zu zementieren. Entweder ästhetisch ansprechend, langweilig, grotesk oder in einem Horrorszenarium.

Dabei bleibt Hingabe an sich selbst und an das Leben auf der Strecke. Die Beziehungspartner landen nach dem Paradiesausflug der Verliebtheit wieder in der Enge gegenseitiger Abhängigkeit.

All-Geborgenheit in der Hingabe ist keine neue Vorstellung, sie ist enthalten in den Lehren von Mystikern und Weisen aller Zeiten. Die Zeit scheint gekommen zu sein, daß auch ganz normale Menschen diese Möglichkeit in ihren Alltag hineinbringen und dort leben können.

Eine gute Freundin meinte dazu:

«Ich habe immer geglaubt, das sei nur etwas für Heilige. Daß es etwas mit *meinem* Leben zu tun haben könnte, kam mir bisher nicht in den Sinn.»

Es ist an der Zeit, daß wir uns unserer Größe bewußt werden und sie leben.

Sich zeigen in einer Krise

In der therapeutischen Arbeit begegnen mir täglich Menschen, die in dem für sie immer noch irgendwie verbindlichen Rahmen der ausschließlichen Zweierbeziehungen ersticken und Auswege suchen. Doch unsere kulturellen Leitbilder bieten nur Arrangements, Selbstbetrug, Schäbigkeit, Tragödien.

Ich bekomme das Elend mit, das quälende Leid, den Energieverlust durch die Depression, das Nach-Schuld-Suchen bei sich selbst, dem anderen oder den Umständen. Menschen in Beziehungskrisen sind meist innerlich zerrissen. Sie merken, daß ihr bisheriges Konzept für Liebesbeziehungen nicht funktioniert, gleichzeitig halten sie an ihm fest. Kaum je gehen sie von Anfang an das Wagnis ein, einfach hinzuschauen, die eigenen Glaubensvorstellungen zu betrachten, die ihr Verhalten und ihr Erwarten prägen, und sich offen mit anderen Betroffenen über die Erfahrung auszutauschen, die sie gemacht haben, und dabei auch Intimstes zu zeigen.

Immerhin ist es inzwischen hoffähig geworden, sich in einer solchen Situation an einen Experten zu wenden. Ich unterstütze die Ratsuchenden dabei, nicht zu flüchten, sondern standzuhalten, um bisher Unbekanntes in sich zu entdecken, das ihr Leben reicher werden läßt, und sich mit der Idee anzufreunden, daß das Leben nie endendes Wachstum und Entwicklung ist.

Aber vielleicht braucht es dazu nicht unbedingt die Hilfe eines Experten. Wir müssen das Wagnis eingehen, solche Krisen nicht mehr nur als etwas Privates anzusehen, das niemanden außer uns selbst etwas angeht. Andernfalls bleibt die Verarbeitung einer Beziehungskrise im Jammern über den Schmerz und im Suchen nach dem Schuldigen stecken. Der daraus resultierende Teufelskreis von Verstrickung und Destruktivität dreht sich, bis er sich totgelaufen hat. Dann sucht man in einer neuen Beziehung das, was die alte nicht hergegeben hat. Meist ist der Lerneffekt klein, eine Wiederholung vorprogrammiert.

Einen Ausweg gibt es nur, wenn wir offen miteinander umgehen und uns gegenseitig unterstützen, unsere Beziehungen ohne Scheuklappen zu prüfen.

Freie Wahl

Noch vor nicht allzulanger Zeit hatten nur verschwindend wenige Menschen mehr als eine Ahnung von Wahlmöglichkeit in ihren Liebesbeziehungen. Es ging in Dauerbeziehungen auch nicht primär um Liebe, sondern um gesellschaftliche Vorgaben, die materielles Überleben sichern sollten. Ehen waren ein Zweckrahmen zur Erfüllung einer gemeinsamen Aufgabe. Oft wurden sie «gestiftet», die direkt Betroffenen hatten nicht viel dazu zu sagen.

Seit einigen Jahrzehnten redet uns niemand mehr drein.

Wir sind unserer Liebe Schmied.

Denkste!

Jeder durchschnittliche Heterosexuelle kann sich, genauso wie jeder Lederfetischist, jeder Schwule, jede Lesbe, ohne größeren Aufwand eine Subkultur suchen, die seinen Neigungen gemäß ist.

Alles paletti, und jeder kann nach seiner eigenen Fasson glücklich werden? Freie Wahl?

Denkste!

An die Stelle der gesellschaftlich bedingten Unfreiheit von anno dazumal, als unsere Eltern und vor ihnen andere Generationen ihr Liebesleben lebten und der Gedanke einer Wahlfreiheit gar keinen Platz hatte, weil sichtbar, hörbar und fühlbar andere für uns entschieden, ist eine neue Unfreiheit getreten.

Meist erscheint uns diese Unfreiheit in der Wahl unseres jeweiligen Liebespartners (und damit auch des Spieles, das wir zusammen im Rahmen unserer Liebesbeziehung spielen werden) nicht als solche. Wir erleben uns als frei.

Gerade deshalb machen wir uns auch so viele Selbstvorwürfe oder richten die Schuldzuweisung an andere, wenn wir in unseren Beziehungen nicht glücklich sind.

Aber auch heute sind es nicht die Personen, die sich die ihnen gemäßen Partner auswählen; die Entscheidung entsteht im automatischen Zusammenwirken zweier Biographien. Und obwohl unsere Lebensbedingungen sich grundlegend von denen unterscheiden, in denen Freud vor etwa hundert Jahren seine Theorien und daraus abgeleiteten Behandlungsmodelle er-fand, scheint sich nichts daran verändert zu haben, daß bis heute die meisten verbindlichen Langzeitbeziehungen Reinszenierungen ödipaler Konstellationen sind.

Auf deutsch heißt das: Ich heirate nicht wirklich die Frau/den Mann, das Geheimnis, das mir da gegenübersteht, sondern ich heirate meine Mutter/meinen Vater, auch wenn sie/er meist völlig anders aussieht und auch sonst auf den ersten Blick relativ wenig mit ihr/ihm zu tun haben scheint.

Ich heirate *die Rolle,* die ich dem anderen zuschreibe, nicht die Person.

In der Verliebtheit blüht dann die Hoffnung auf, daß das, was ich damals in meiner Kindheit an Enttäuschungen erlebt habe, sich nur als böser Traum herausstellt und ich in *dieser* Beziehung endlich das Glück finde, nach dem ich mich damals so sehr gesehnt habe.

Pech!

Erstens werde ich in vielem selbst wie mein gleichgeschlechtliches Elternteil (oder zum Gegenteil davon). Zweitens trainieren sich beide Partner wechselseitig mit unbewußter Hartnäckigkeit, die Erwachsenen- und damit die Gegenwartsebene mehr und mehr zu verlassen, um «Eltern und Kinder» miteinander zu spielen.

Das ist natürlich eine Vereinfachung, auch andere Ebenen, wie zum Beispiel übernommene Aufträge der Herkunftsfamilie und die Erfahrungen mit Geschwistern, sind bedeutsam wie auch außerhalb des Individuums angesiedelte Faktoren und gesellschaftliche Bedingungen. Das Ganze ist, Gott sei Dank, kein starr prädeterminiertes Schauspiel.

Je nach dem Gewicht der eigenen unerlösten Biographie im

Zusammenspiel mit der des Partners und den Umgebungsfaktoren ergibt sich auf Dauer eine Paarbeziehung, die, in unterschiedlichem Ausmaß, von den Beteiligten als unbefriedigend und enttäuschend erlebt wird – es sei denn, man habe sich zu einer weisen Abgeklärtheit bezüglich der eigenen Ansprüche an das Leben durchgerungen.

Da heute die Gründe, die noch in der Generation unserer Großeltern Scheidungen zu einer Fast-Unmöglichkeit machten, weggefallen und gleichzeitig die Erfüllung der Glückserwartungen zu einer Art einforderbaren Geburtsrechts geworden sind, sind Menschen kaum noch bereit, in unglücklichen Konstellationen auszuharren, bis daß der Tod sie scheidet.

Scheint also kein anderer Ausweg zu bleiben als immer wieder Trennung.

Fast jede Trennung beinhaltet die Hoffnung, daß es danach besser wird. Die Realität allerdings sieht meist anders aus. Man wählt entweder wieder denselben Typ, auch wenn er etwas anders gestylt ist, oder aber das Gegenteil davon.

Daß Zweit-Ehen im Durchschnitt länger halten und sich als stabiler erweisen als Erst-Ehen, liegt nicht unbedingt daran, daß die Liebespartner in ihnen glücklicher sind. Eher daran, daß die Partner ein Stückchen mehr resigniert haben.

Dies gilt für den normalen Gang der Dinge.

Die gesellschaftliche Dynamik, auf Grund deren die Faktoren in den Hintergrund getreten sind, die das Weiterführen von Beziehung um jeden Preis erzwangen, hat nun aber auch Mittel und Wege hervorgebracht, mit denen wir unsere biographisch bedingte Automatik in der Partnerwahl durchleuchten können. Wir brauchen sie nicht mehr als schicksalhaft hinzunehmen. Darum drehen sich Psychotherapie und verwandte Ansätze. Ziel einer Therapie ist ja explizit, das unbewußte Gelebtwerden durch die eigene Biographie zu beenden, das, was Freud einst den Wiederholungszwang nannte, um für Gegenwart und Zukunft frei zu werden.

Eine wachsende Anzahl von Menschen, die sich in ihren Liebesschicksalen ein Stückchen Freiheit erworben haben, bewegen und begegnen sich im gesellschaftlichen *Netzwerk*. Dadurch kann vielleicht eine neue Definition von Liebesbeziehungen genügend Konsens erlangen.

Allerdings scheint es so zu sein, daß viele der bestehenden Beziehungen, auch wenn beide Partner «an sich gearbeitet haben», zu wenig wandelbar sind.

Viele Beziehungen haben, unabhängig von Sehnsucht und gutem Willen der Liebespartner, ein solches Eigenleben angenommen, daß eine Transformation der Beziehung nicht möglich ist. Bleiben dann nur noch die Alternativen, entweder alles (leicht modifiziert) beim alten zu lassen oder aber sich zu trennen. Wie auch immer, ob eine Transformation in einer bestehenden und auch weiter bestehenden Beziehung stattfindet oder aber ob Menschen eine Beziehung abschütteln müssen, um eine neue einzugehen, es bleibt die Möglichkeit, daß wir die Ernte der langen Arbeit an uns selbst einfahren. Es scheint, daß zunehmend mehr Menschen sich im Bereich ihrer Liebesbeziehungen wirklich eine gewisse Wahlfreiheit erschaffen haben.

Vielleicht können wir in absehbarer Zeit das eherne Gesetz vom Wiederholungszwang in der Partnerwahl aus der Enzyklopädie über das Wesen der menschlichen Natur streichen.

Achtung: Jedes System ist konservativ

Wenn mich Menschen in Beziehungsnot konsultieren, klagen sie im allgemeinen zuerst einmal darüber, was in ihrem Leben nicht klappt und wer oder was ihrer Meinung nach daran schuld ist.

In einer zweiten Phase bewegt sich das Gespräch langsam in eine andere Richtung. Sie beginnen von ihren Sehnsüchten und Träumen zu sprechen. Die laufen letztlich alle darauf hinaus, daß sie glücklich sein wollen, geliebt, geborgen, bewundert.

Der Ort, an dem die Hoffnung auf eine Erfüllung dieser Träume angesiedelt ist, ist meist das, was man gemeinhin Liebesbeziehung nennt. Es scheint, trotz aller gegenteiligen Erfahrungen, als steckte eine uralte Verheißung in uns, das verlorengegangene Paradies könne in einer liebenden Beziehung wiedergefunden werden.

Im weiteren Verlauf entdecken die meisten, daß sie sich nicht nur danach sehnen, Liebe zu bekommen, sondern daß es ihnen genauso wichtig ist, selbst lieben zu dürfen und zu erfahren, daß das Geschenk der eigenen Liebe willkommen ist. Das Gefühl tiefer, schicksalhafter Verbundenheit und das Sich-irgendwie-Mögen, selbst bei Paaren, deren gelebte Beziehungsgeschichte fast ausschließlich aus gegenteiligen Erfahrungen und gegenteiligem Verhalten besteht, ist ein kleiner Nachglanz der offensichtlich nicht zerstörbaren, ursprünglichen Verheißungsgewißheit.

Viele merken auch, daß sie bereit sind, sich lieben zu lassen, und daß sie damit das größte Geschenk machen, das man einem anderen Menschen machen kann, nämlich sich von Liebe beschenken zu lassen.

Da gibt es also ein Wissen um die eigene Liebens-Würdigkeit und Liebes-Fähigkeit und um die des Partners, da ist guter Wille und bei den meisten Paaren auch immer wieder ein neuer Anlauf, das Ruder herumzureißen. – Warum funktioniert's meist nicht, und warum ist das Ergebnis so oft eine Bestätigung der Enttäuschungen über die Liebe und das Leben?

Wir haben schon früh eine Identität erworben, die es uns nicht gestattet, in der Liebe wirklich glücklich zu sein. Im Kapitel über die bedingungslose Liebe (siehe S. 37) werde ich darauf eingehen. Die Sehnsucht nach Erfüllung, das Wissen um die Möglichkeit eines authentischeren Lebens und der gute Wille werden, wenn sie sich verbünden, zur Bedrohung für diese Identität. Niemand stirbt schließlich gerne, auch nicht eine Identität. Wenn schon die eigene Identität nicht gerne stirbt, so ist dies noch viel schwieriger für eine gemeinsam gewebte Paar-Identität.

Ein Beispiel:

Ein Ehepaar ist seit zwanzig Jahren verheiratet. Die anfängliche Verliebtheit ist versickert im Grau des Alltags, die beiden haben gemeinsam ein Beziehungsspiel erschaffen, in dem Streit das dominierende Thema ist, so sehr, daß man sagen kann, Streit mache das Wesen ihrer Beziehung aus.

Nehmen wir eine willkürlich ausgewählte Sequenz dieser sogenannten «konventionellen Ehe».

Montag früh, 6.45 Uhr. Die Frau hat sich schon um 6.15 Uhr aus dem Bett gequält, um für ihren Mann das Frühstück zu richten. Sie steht in der Küche und ist einigermaßen gut gelaunt. Der Mann ist 6.30 Uhr aufgestanden, hat sich geduscht, rasiert, angezogen und kommt nun in die Küche:

Er: «Ist der Kaffee fertig?!» (brummig, drängend)

Sie: «Netter könntest du das wirklich nicht fragen?!» (verletzt, zynisch)

Er: «Wohl wieder schlecht geschlafen?» (ironisch)

Sie: «Ach leck mich doch …» (aggressiv)

etc.

Systemisch betrachtet haben die beiden unter heroischem Verzicht auf das eigene Glück das alltäglich notwendige Ritual vollzogen, um *ihre Beziehung* am Leben zu erhalten.

Das ist eine hilfreiche Sichtweise, auch wenn es sich vielleicht seltsam anhört, denn, genau wie die beiden Ehepartner Individuen mit ihrer jeweils eigenen Identität sind, ist ihre Beziehung ein Wesen mit einer eigenen Identität. Diese hat die beiden erfolgreich dazu gebracht, daß sie ihr – der Beziehung – einen weiteren Tag Leben ermöglichen. Denn wenn sich etwas ändern würde, dann wäre es ja nicht mehr *diese* Beziehung. Wenn das einträte, nach dem sich diese beiden Menschen sehnen: Liebe, Glück, Erfüllung, dann würde *diese* Beziehung sterben.

Anders ausgedrückt, wenn sie nicht mehr dieses Stück spielen, welches Spiel denn sonst? In diesem Spiel wissen beide traumwandlerisch sicher um die Handlungsabläufe, Regieanweisungen, die Momente, wo das richtige Stichwort fällt ...

Ich werde das Beispiel weiterführen, um zu zeigen, wie sehr die Identität einer Beziehung erfolgreich dafür sorgt, daß wirklich Neues nur geringe Chancen hat.

Gehen wir mal davon aus, der Mann wäre beruflich für einige Tage weg gewesen. Es ist das erste Mal seit sehr langer Zeit, daß die beiden sich nicht jeden Tag gesehen haben. Irgendwie spürt der Mann in diesen Tagen eine Weichheit in sich, die er schon lange nicht mehr wahrgenommen hat.

Er vermißt seine Frau, denkt an die Zeit ihrer Verliebtheit, was er damals in ihr gesehen hat und wie schön sie es doch miteinander hatten. Und er sieht auf die zwanzig Jahre trostlosen Grabenkampf zurück, ist zutiefst betroffen und beschließt: «Wenn ich nach Hause komme, wird alles anders.» Bei diesem Gedanken fühlt er sich froh, optimistisch und liebevoll.

Nach Abschluß der Tagung kommt er, nach einer Nachtfahrt, morgens am Bahnhof an, kauft in einem Blumengeschäft einen großen Strauß mit zwanzig langstieligen, dunkelroten, duftenden Baccaratrosen und macht sich auf den Weg nach Hause.

Sein Herz klopft in Vorfreude. Er hat zwar einen Schlüssel dabei, klingelt aber, da er seine Frau überraschen will.

Einige Minuten vergehen, nichts rührt sich. Doch dann hört er schlurfende Schritte näherkommen, und sein Herz und der Blumenstrauß, den er hoch in der Hand hält, sinken ein wenig herab. Die Tür öffnet sich quietschend, und seine Frau, im zerschlissenen Morgenmantel, mit Lockenwicklern im Haar und verquollenem Gesicht, starrt ihn verständnislos an. Ihm ist schon ganz anders, aber er schafft es, ihr doch noch den Blumenstrauß entgegenzustrecken und zu sagen: «Liebling, ich liebe dich!»

«Wie, vermutest du, wird die Frau reagieren?»

Wenn ich diese Frage stelle, erhalte ich meist folgende Antworten:

«Irgend etwas stimmt nicht, der Kerl hat ein schlechtes Gewissen. Vielleicht ist er fremdgegangen.»

Oder: «Das fällt dir aber reichlich spät ein!»

Auf jeden Fall verhält sie sich aller Wahrscheinlichkeit so, daß der gutwillige kleine Junge in dem Mann sich nun enttäuscht, entmutigt und gedemütigt erfährt. Meist kippt schon an diesem Punkt auch er wieder in sein altes Sein zurück.

Aus naiver Perspektive könnte man sagen: «Jetzt macht er einmal das, was sie sich immer gewünscht hat, und sie schmettert ihn ab. Selbst schuld, die Alte.»

Aus Sicht der Systemik sieht es anders aus: Der Mann hat mit seiner Initiative *diese* Beziehung bedroht! Die Frau dagegen rettet sie durch ihr Verhalten, alles wird weiter seinen gewohnten Gang gehen.

Schon seltsam, das Ganze, aber kein Grund zum Verzweifeln. Es gibt einen Weg aus der Sackgasse:

Wenn in einem System einer der Beteiligten, aus welchen Gründen auch immer, die bisherige Definition des Systems verändern will, dann muß er sich unabhängig machen von dem Verhalten seines Gegenübers und bei dem bleiben, was ihm wichtig ist, auch gegen eine sich mit der Zeit möglicherweise steigernde abwehrende Reaktion.

Nimm einmal an, der Mann weiß, was er will, und daß auch in seiner Frau eine Seite vorhanden ist, die sich nach Veränderung sehnt.

O.K., er kommt also am nächsten Abend wieder mit zwanzig Rosen. Die Wahrscheinlichkeit ist groß, daß die Reaktion der Frau diesmal noch heftiger ausfallen wird.

Wenn der Mann beharrlich bleibt, kann es (in diesem sehr vereinfachten Beispiel) nach einigen weiteren Malen zu einer «Krise» kommen: Entweder die Frau trennt sich in selbstmörderischer Loyalität zum System von ihrem Mann («der Kerl spinnt, das ist nicht mehr *mein* Mann») und rettet so auf eine absurde Weise das System. Oder es kommt zu dem, was man im «Zwölf-Schritte-Programm» als Kapitulation bezeichnet, dem bedingungslosen Loslassen des Alten, das die Möglichkeit für etwas Neues erschafft.

Wenn du also in deinem Liebesleben etwas ändern willst, dann mußt du damit rechnen, daß du, je mehr du in die gewünschte Richtung gehst, zuerst einmal immer stärker werdenden Widerstand antreffen wirst.

Wichtig ist, daß du weißt, daß dein Partner es nicht dir zuleide macht oder weil er etwa dumm ist, sondern weil er, so paradox das klingt, eure Beziehung retten will.

Wenn du wirklich etwas ändern willst, mußt du bei dem bleiben, was *dir* wichtig ist und voll ins Risiko hineingehen. Am besten ist's natürlich, wenn beide Partner sich auf eine Veränderung geeinigt haben, um diese Zusammenhänge wissen und bereit sind, sich beim Wort nehmen und daran erinnern zu lassen.

Gott sei Dank gibt es Unterstützungsmöglichkeiten. Du kannst zum Beispiel mit Freunden eine Art Coachingvertrag machen, sie bitten, dich immer wieder daran zu erinnern, was du vorhast. Wenn du nämlich ein ganz normaler Mensch bist, dann wirst du in den Momenten, in denen heftige Gefühle in dir aufwallen, «vergessen» und wirst wieder von dem bisherigen System eingefangen.

Diese Dynamik gilt für Individuen, für Paare, für Familien. Sie gilt aber auch für alle anderen sozialen Strukturen, vom Arbeitsbetrieb bis zur Nation.

Ein Grundmuster unserer Zivilisation ist Selbstablehnung und eine auf Dauer nicht wirklich zu überwindende Gegnerschaft zwischen Menschen, auch in Paarbeziehungen.

Für Liebe bleibt da kein Platz.

Wer hier etwas ändern will, darf nicht den Fehler begehen, den die Blumenkinder Ende der 6oer Jahre in ihrer drogeninduzierten Naivität gemacht haben, als sie meinten, sie müßten nur lieb sein, und schon würde die Welt sich ändern. Er muß bedingungslos an dem festhalten, was ihm wichtig ist, und die Antworten, die ihm das Leben auf sein Verhalten und seine Initiative gibt, immer wieder einbeziehen und sie zum Teil seiner Vision machen.

Nur so ist das altbekannte Kippen nach dem großen liebenden Elan zu vermeiden, das in dem Satz gipfelt:

«Und willst du nicht mein Bruder sein, so schlag ich dir den Schädel ein.»

Anders gesagt, wenn wir lieben wollen, dann müssen wir lieben um der Liebe willen und nicht Liebe spielen, in der Hoffnung, dafür belohnt zu werden.

Vertrauen

*I*n einer Supervisionsgruppe erzählte eine Teilnehmerin, sie habe in den Beziehungen zu ihren «liebsten Menschen» Möglichkeiten von Freiheit bei gleichzeitiger tiefer Verbundenheit entdeckt, von denen sie bis vor kurzem nicht einmal gewagt habe zu träumen.

Sie ist verheiratet und hat zwei Kinder. Vor einiger Zeit verliebte sie sich in einen anderen Mann und lebte diese Liebe offen in lebendiger Bezogenheit zu ihrem Ehepartner. Die Erfahrung war aber noch so jung und widersprach vielem, was sie «gelernt» hatte, daß sie immer wieder darüber ins Staunen geriet.

Nachdenklich bemerkte sie: «Wir haben lange dafür Vorarbeit geleistet.»

Damit meinte sie, ihr jahrelanges psychologisches und spirituelles Training habe jetzt Früchte getragen, die weit über ein etwas besseres Funktionieren in ihrem Alltag hinausreichten. Bisher habe sie zwar die erworbenen Instrumente und Vorgehensweisen vor allem dazu benutzt, um den Lebensfluß anzuschieben und zu lenken, weil ihr das Vertrauen gefehlt habe, daß er von selbst fließt, und sie – selbst Teil davon – trägt. Gleichzeitig aber sei in ihr – unbemerkt – etwas gewachsen, das sich jetzt zu entfalten beginne und in ihrem Liebesleben ungeahnte Möglichkeiten auftauchen lasse.

Wir kamen dann auf das Vertrauen zu sprechen, auf die vielen Fragen, die auftauchen:

Kann ich mir selbst, kann ich meinem Gegenüber wirklich vertrauen?

Kann ich mir selbst, kann ich ihm wirklich die Freiheit geben, den eigenen Weg zu gehen?

Oder müssen wir uns nicht doch selbst und gegenseitig kontrollieren und reglementieren? Müssen wir uns nicht doch selbst und gegenseitig unter Strafandrohung unsere Grenzen vorschreiben – wobei die «Strafe» von einer leichten Veränderung des Tonfalls bis zum Mord gehen kann?

Unbeirrbar bei mir
verirre ich mich
nicht im Soll

Wissend um die
die ich bin
klärt sich
mein Gewissen auf

Verkauf ich mich nicht
an das Haben
kann der Geiz
nichts besitzen

Verschwende ich mich
ohne Kalkül
verschwinden die Teile
im Ganzen

Drängst Du mich
Dich zu verantworten
werd' ich
verantwortungslos

L.

Da ist einmal das, was man als vorläufiges, bedingtes Vertrauen bezeichnen könnte, und dann ist da das letztliche, bedingungslose VERTRAUEN. Beide Formen von Vertrauen haben ihre Daseinsberechtigung.

Vorläufiges Vertrauen ist beweispflichtig. Es ist gefährdet, wenn ein Versprechen oder eine Abmachung gebrochen wird, wenn sich die Person, der wir vertrauen, als nicht vertrauenswürdig herausstellt.

Vorläufiges Vertrauen heißt: «Ich vertraue dir, weil ... und solange, wie ...» und ist das, was man normalerweise meint, wenn von Vertrauen die Rede ist. Es geht davon aus, daß wir ganz normale Menschen sind, keine Heiligen, und daß unsere menschliche Natur (je nach Blickwinkel: unsere Biographie, unser Karma, unsere Gene etc.) immer wieder dafür sorgen wird, daß wir den anderen enttäuschen, daß wir Fehler machen, daß wir Absprachen nicht halten.

Vorläufiges Vertrauen ist:

- bedingt, nicht bedingungslos;
- Reaktion, nicht Quelle;
- eine sachliche, «geschäftliche» Abmachung.

(Letztliches) VERTRAUEN ist etwas völlig anderes.

Es ist unabhängig vom Verhalten des Gegenübers (beziehungsweise, wenn es um Vertrauen in mich selbst geht, von meinem eigenen Verhalten).

VERTRAUEN ist keine sachlich-geschäftliche *Abmachung* mehr, es ist eine bedingungslos eingenommene *Haltung*.

Beim VERTRAUEN ist es wie bei der Liebe: *Ich* bin Quelle von VERTRAUEN.

Vorläufiges Vertrauen spielt sich ab in einem Bereich, in dem es auf Kontinuität, Verläßlichkeit und Voraussagbarkeit ankommt, damit menschliches Miteinander mehr sein kann als ein nicht überschaubares Chaos. Abmachungen sind nicht Ausdruck von Ängstlichkeit, sondern einfach von Selbstverantwortung.

VERTRAUEN andererseits tangiert einen Bereich, wo es nichts zu schützen gibt.

Wem vertraue ich,
wenn ich mich jemand anderes anvertraue?

Letztlich niemandem außer mir selbst,
meiner eigenen Fähigkeit, Wachheit und Bereitschaft,
eine Situation, in die ich mich hineinbegebe,
korrekt einzuschätzen und dementsprechend zu handeln.

Hier gilt: Ein anderer kann mich nur verletzen, enttäuschen, verraten, wenn in mir selbst die Bereitschaft vorhanden ist, mich verletzen, enttäuschen und verraten zu lassen. VERTRAUEN heißt nicht nur Vertrauen in den anderen, sondern vor allem auch Vertrauen in die eigene Fähigkeit, mit der Wirklichkeit des Partners gut umgehen zu können.

VERTRAUEN läßt im anderen das wachsen, was ich in ihm sehe. Wenn ich dir sage: «Ich vertraue dir», dann heißt das: «Ich sehe in dir eine Person, die willens ist, sich mir gegenüber integer zu verhalten. Selbstverständlich bist du ein unvollkommener Mensch und wirst immer wieder Fehler machen. Ich lauere aber nicht, bis du dich so verhalten wirst, daß ich berechtigt an meinem Vertrauen dir gegenüber zweifeln kann. Wenn du Fehler machst, so werde ich fordern, daß du dazu Stellung nimmst und entsprechend handelst. Aber es wird meinem Vertrauen keinen Abbruch tun. Ich werde mich weiter an denjenigen in dir richten, dem ich vertrauen kann.

Wenn ich dir aus dieser Haltung begegne, werde ich dich eher und häufiger als einen Menschen erleben, der sich so verhält, wie es unserer impliziten oder expliziten Beziehungsvereinbarung entspricht, eher und häufiger, als wenn jeweils gewogen und geprüft wird, ob ich dir weiterhin vertrauen kann oder nicht.

Wenn ich dir zum Beispiel vertraue, daß du mir zuhörst, und ich bekomme immer wieder mit, daß du doch mit einem Auge in die Zeitung schielst, während ich dir etwas erzähle, kann ich dies als Beweis dafür ansehen, daß du mich angelogen hast, als du sagtest, du willst mir zuhören. Oder ich kann dich einfach an deine Zusicherung erinnern und fordern: «Leg die Zeitung weg.»

Wenn daraus allerdings ein Endlosspiel wird, dann muß ich mir nach einiger Zeit überlegen, was ich selbst dazu beitrage und wie ich damit umgehen kann.

VERTRAUEN unterscheidet zwischen der *Person* und ihrem *Verhalten*.

Bedingungslose Liebe – gibt's das?

> *Bedingungslose Liebe ist eine unserer*
> *tiefsten Sehnsüchte,*
> *nicht nur bei Kindern,*
> *sondern bei allen Menschen.*
>
> ERICH FROMM

*B*edingungslose Liebe unter Erwachsenen ist möglich. Dazu eine wichtige Vorbemerkung: Liebesbeziehungen unter Erwachsenen bewegen sich auf einer wesensmäßig anderen Ebene als die zwischen Eltern und Kindern. Wenn dies nicht berücksichtigt wird, kommt es zu dem alltäglichen Elend in Beziehungen, das wir achselzuckend als normal bezeichnen.

Liebes-Beziehungen zwischen Erwachsenen sind prinzipiell Beziehungen zwischen ebenbürtigen, in sich vollständigen Menschen, die den Partner nicht verzweifelt als Kombination von spezifischen Eigenschaften und Verhaltensweisen be-nötigen, um die eigene seelische Mangelhaftigkeit zu kompensieren. Es sind Beziehungen zwischen Menschen, die nicht in Abhängigkeit personal aufeinander angewiesen sind. Erwachsene Partner können körperlich und seelisch sehr wohl und sehr gut überleben und weiterwachsen, wenn einer «stirbt» – wörtlich oder im übertragenen Sinn. Die Beziehung darf jeden Moment zu Ende gehen. Erst und nur dann kann sie in der Erfülltheit des «Immer-Jetzt» überhaupt lebendig sein.

Mit Kindern ist's anders. Diese brauchen garantierte Kontinuität, sie ist überlebens-notwendig. Da die Beziehung zwischen Eltern und Kindern immer eine Abhängigkeitsbeziehung ist, kann es keine Beziehung in Freiheit sein. Aus dieser Abhängigkeit entsteht zwangsläufig eine Anpassung des Kindes an das, was in seiner Vorstellung von ihm erwartet wird. Die Wurzel dieser Anpassung ist immer Angst. Deshalb ist sie nie wirklich freiwillig und nie Selbst-Ausdruck.

Ein Kind hat keine Wahlfreiheit. Nachdem es nun einmal auf die Welt gekommen ist, kann es sich seine Eltern nicht mehr aussuchen oder sie so machen, wie es sie gerne hätte. Es kann sie auch nicht verlassen und sich andere Eltern suchen. Es ist absolut, auf Leben und Tod, angewiesen auf den Vater und die Mutter, die es hat. Deshalb ist die Liebe zwischen Kindern und Eltern nie ebenbürtig. Das Kind ist und bleibt in der materiell festgeschriebenen Abhängigkeit.

«Wenn du mich verläßt, sterbe ich. Jedesmal, wenn du mir ärgerlich begegnest, habe ich Angst, daß du mich im Stich läßt. Ich bemühe mich, herauszufinden, was ich tun muß, um dich nicht zu verärgern, um so zu sein, wie ich denke, daß du mich haben willst. Ich muß also mich selbst, der ich gerade bin, wegpacken, wenn dies nicht zufällig damit übereinstimmt. Ich muß mich verkleiden und eine Rolle spielen, die ich mir zurechtlege, nachdem ich versucht habe zu ergründen, wie du mich haben möchtest. Was immer ich mache, ich riskiere, daß es nicht das Richtige ist. Auch reicht es nicht aus, nur etwas zu tun, eine Rolle zu spielen, sondern ich sollte wirklich so *sein,* wie ich denke, daß von mir erwartet wird.»

Hört sich furchtbar schwierig und kompliziert an?

Zum Verrücktwerden?

Ist es auch!

Dieses Wesen, das da Platz machen muß für eine den Spielregeln gemäße Rolle, will ja auch leben. Es will spielen, lachen, geliebt werden. Wenn es dauernd oder immer wieder als lästiges Etwas weggeschickt wird, entstehen Wut und Haß. Es verwandelt sich von einem Wunder in ein kleines Monster. Im Fachjargon spricht man dann von Ambivalenz gegenüber den primären Liebesobjekten, aus der später die Ambivalenz gegenüber dem Liebespartner wird.

Diese Art der Identitätsdefinition ist im existentiellen Kontext eines Kindes nicht nur einsichtig, sondern der bestmögliche Überlebensschutz, den es aufbringen kann.

Die Tragödie besteht nicht darin, daß dem so ist, sondern daß das mit zunehmendem Alter in Vergessenheit gerät. Das Kind vergißt, daß das, was da im Leben handelt, fühlt, reagiert, nicht das echte eigene Ich ist – das keine beständige Form hat –, sondern das Kostüm und die festgefügte Rolle, in die es not-gedrungenerweise geschlüpft ist. Es identifiziert sich mit der Rolle, die zu dem wird, was man bei Erwachsenen als den Charakter bezeichnet.

In Liebesbeziehungen Erwachsener sind die Lebensgrundlagen anders. Auch autonome Erwachsene bedürfen des liebevollen Wohlwollens und liebevoller Fürsorge. Aber sie sind nicht mehr existentiell darauf angewiesen, das von einem spezifischen, unersetzbaren anderen Menschen zu erhalten. Ernährung, Kleidung, Wohnung, Heizung etc. sind im allgemeinen keine Fragen mehr. Selbst menschliche Nähe kann man notfalls einkaufen, beim Psychotherapeuten, beim Kneipenwirt oder bei einer guten Nutte. – Rent-a-friend! – Erwachsene können auch in eigener Verantwortung Beziehungen eingehen und wieder beenden.

Die Welt der Erwachsenenliebesbeziehungen ist also grundverschieden von der des Kindes in seiner oft verzweifelten Liebe.

Aber es ist, als hätten die meisten Menschen das nicht gemerkt. Ob nun mehr oder weniger angenehmes Arrangement, Gähnnummer oder Tragödie, überall taucht in «Liebesbeziehungen» Erwachsener der Lebenskontext des kleinen Kindes wieder auf mit dessen struktureller Unselbständigkeit und Unfähigkeit, allein zu überleben.

Wir haben es uns angewöhnt, diese Karikaturen Liebesbeziehung zu nennen. Es wird Zeit, daß wir damit aufhören. Dazu müssen wir Inventur in unseren Beziehungen machen und uns eingestehen, daß wir von falschen Prämissen ausgingen, aufgrund deren wir das Wunder unseres Liebes-Lebens, wenn es hoch kommt, zurechtstutzten auf eine Familie, ein Bankkonto, ein Ferienhaus im Süden und einen durch die Pflegeversicherung garantierten Platz in einem einigermaßen erträglichen Altersheim.

Es ist nicht leicht, ehrlich hinzuschauen und zu sehen, daß wir *wirklich* keine kleinen Kinder mehr sind und über viel mehr Möglichkeiten verfügen als damals.

Es ist nicht leicht, sich einzugestehen, daß die meisten der unangenehmen Gefühle und Ereignisse, die in unseren Liebesbeziehungen auftauchen, Resultat unserer Weigerung sind, zu Ende geboren zu werden. Solange wir nicht zu Ende geboren sind, kann es in Liebesbeziehungen keine echte Nähe geben, sie ist nur möglich, wenn ich mir selbst als dem, der ich jetzt bin, nahe bin. Alles andere ist günstigenfalls ein gemütliches Elend, in dem wir uns behaglich eingerichtet haben.

Es wäre eine Revolution, wenn wir in der Liebe zu einem anderen Menschen uns selbst entdecken und lieben würden.

Aber wo kämen wir denn hin, wenn das möglich wäre?

Dann müßten wir ja all das loslassen, was wir uns als Gründe für unsere Unzufriedenheit und Unerfülltheit zurechtgelegt haben; all die Erklärungsmuster, Grollgefühle, das Im-Recht-Sein und das Andere-ins-Unrecht-Setzen.

Schrecklich, wir müßten die ungeteilte Verantwortung für unser Glück übernehmen.

Ist es vielleicht nicht doch besser, klein zu bleiben und jammernd bis aggressiv darauf zu beharren, daß mein Liebespartner mich glücklich machen *muß* und niemand anders lieben darf außer mir?

Weil wir verlernt und nicht wieder neu gelernt haben, uns selbst bedingungslos zu lieben, zu achten, zu bewundern und mit uns selbst ehrfürchtig und lustvoll zu tanzen, sind wir in unseren Liebesbeziehungen immer verletzbar und angewiesen auf die liebenden Augen anderer.

Wenn ich mich nicht selbst liebe, wie kann ich dann das Risiko eingehen, mit einem anderen Menschen intim zu sein, ihn ganz nah an mich heranzulassen, mich ihm ganz zu öffnen? Ich riskiere dann ja, daß er das in mir entdeckt, was ich ahnend befürchte, dessen ich mich schäme und von dem ich denke, daß es dazu führen wird, daß ich verlassen werde.

Je weniger Menschen sich selbst lieben, desto stärker sind sie auf Geliebtwerden angewiesen. Je stärker das Angewiesensein, desto geringer die Aussicht auf Liebe. Damit wächst aber die süchtige Sehnsucht nach absoluter, ewigdauernder Liebe, in der sich alles Negative auflöst wie ein böser Traum im seligen Nirwana.

Bleibt in der Ausweglosigkeit nur, sich zu schicken ins Unvermeidliche?

Damit vertun wir *die* Chance. Ein Liebes-Leben in Leichtigkeit und Intensität ist heute möglich. Ein Liebes-Leben, das sich nicht damit begnügt, was man «meine kleine Welt» nennt, sondern Teil ist eines großen Netzwerkes, das sich in der Unendlichkeit von Raum und Zeit entfaltet.

> «... was meinst du – angenommen wir sind ein großer, unendlicher Gedanke und können in der Begrenztheit nur Teile davon denken, uns ans Ganze annähern, dann ist die Annahme, daß wir ein großes, unendliches Gefühl sind, von dem wir in unserer Begrenztheit nur Teile fühlen, uns aber auch da ans Ganze annähern können, ist diese Annahme nicht faszinierend? Und haben Dulch in unserer Begegnung zum ersten Mal diese Ganzheit wahrgenommen? Ich schon. Du auch? Oder?»   L.

Was es braucht, ist, daß

- ich hinschaue und wirklich wahrnehme, daß meine Lebensbedingungen andere sind als damals, als ich ein kleines Kind war, und daß ich das Bild der Welt loslasse, das ich mir damals gemacht habe,
- ich endgültig und bedingungslos auf die Hoffnung auf eine bessere Vergangenheit verzichte,
- ich weiß und auch glaube, daß ich heute alles habe, was ich zum Überleben brauche und
- ich bereit bin, das Wunder wahrzunehmen, das ich bin, und mich selbst zu lieben.

Das ist wirklich alles, was es braucht.

Mit einer Zusatzbedingung: Wenn ich ein «normaler» Mensch bin, der immer wieder einschläft und vergißt, was ihm wichtig ist, dann brauche ich eine Unterstützungsstruktur dafür, ein Netzwerk von Menschen, die auch auf diesem Weg sind, und eine Vereinbarung, uns in voller Freiheit immer gegenseitig zu erinnern.

Sonst bleibt's bei Neujahrsvorsätzen oder Sonntagspredigten.

Unabhängigkeit

Gestern abend habe ich eine Bekannte besucht. Sie ist Mitte Dreißig, alleinerziehende Mutter zweier Teenager. Ihr Mann war an einem Unfall gestorben, als das zweite Kind noch ein Säugling war. Seit damals hat sie in keiner festen Liebesbeziehung mehr gelebt.

Sie erzählte, ab und zu habe sie zwar kurzfristige Affären, aber wirklich nah an sich herangelassen habe sie niemanden mehr. Allein käme sie eigentlich ganz gut zurecht. Sie habe zwar ab und an schon Sehnsucht nach einer verbindlichen, auf Dauer angelegten Liebesbeziehung, aber sie habe auch Angst davor. Ihr jetziges Leben genieße sie. Sie sei unabhängig, verspüre ihre eigene Stärke, sei Herrin ihres Lebens.

Wenn sie so nachdenke, merke sie, daß da im Hintergrund eine Befürchtung wirksam sei, die sie daran hindere, sich der Möglichkeit einer neuen Liebesbeziehung wirklich zu öffnen: Es scheine zu Liebesbeziehungen zu gehören, daß man in ihrem Verlauf zu jemandem wird, der allein nicht mehr vollständig ist und sich langsam, aber unausweichlich in einen Zustand emotionaler Abhängigkeit verliert. Als ihr Mann plötzlich nicht mehr existent gewesen sei, habe sie das schmerzlich spüren müssen. Ihr Verhalten sei vielleicht Schutz vor einer möglichen Wiederholung.

Die Idee, daß Liebesbeziehungen ja auch so aussehen könnten, daß da zwei Menschen, beide vollständig, beide nicht ergänzungsbedürftig, miteinander ein liebevolles Spiel leben, sei zwar sehr verlockend, aber wahrscheinlich ein zu hohes Ziel.

Ist es das wirklich? Ist es nicht vielmehr das Naheliegendste zwischen ebenbürtigen Erwachsenen heute, hier bei uns? Ist es nicht einfach so, daß die Angst, die uns hindert, der Möglichkeit einer Liebesbeziehung Raum zu geben, nur deshalb zu einer wirksamen hypnotischen Einflüsterung geworden ist, weil wir uns weigern, anzuerkennen, daß wir keine abhängigen Kinder mehr sind?

Darauf angesprochen sagte meine Bekannte: «Ach, wär' das schön, wenn wir uns gegenseitig immer wieder daran erinnerten, unseren Sehnsüchten und Träumen mehr Platz zu geben, statt uns hinter unserer ‹Lebenserfahrung› zu verschanzen.»

Vertikale und horizontale Liebesbeziehungen

*I*n Liebesbeziehungen drückt die Forderung an den *Partner,* Verantwortung dafür zu übernehmen, daß es *mir* gut geht, einen Mangel an Ebenbürtigkeit und Selbstverantwortung aus. Es sind dann vertikale, keine horizontalen Beziehungen.

Eltern-Kind-Beziehungen zum Beispiel sind vertikale Beziehungen. Eltern sind dafür da, daß es ihren Kindern gutgeht. Das funktioniert zwar oft nicht, aber an der grundsätzlichen Gültigkeit dieses Anspruchs gibt es nichts zu rütteln. Liebesbeziehungen unter Erwachsenen dagegen sind, wenn sie funktionieren sollen, horizontale Beziehungen, Beziehungen zwischen Ebenbürtigen. Keiner ist verantwortlich für das Glück des anderen.

Solange der umgekehrte Kontext gilt: «Du bist verantwortlich für mein Glück», gibt es keine wirkliche Liebesbeziehung, nur Reinszenierungen der kindlichen Wirklichkeit, garniert mit ein paar Erlösungshoffnungen.

Wer Kind sein will, muß sich auch als Kind behandeln lassen. Das tut keinem gut, sorgt vielmehr dafür, daß wechselseitiger Groll und Ressentiments entstehen und daß Beziehungen ihrer Kraft, Lebendigkeit und Vollständigkeit beraubt werden.

Ich kann meiner Geliebten vermitteln:

«Ich will dich in einer bestimmten Rolle und einem dazu gehörigen Verhalten. Für mein Wohlbefinden und Glück bin ich darauf angewiesen, daß du diese Rolle erfüllst. Wenn du mich liebst, *mußt* du sie spielen, und zwar von ganzem Herzen. Wenn du dich weigerst, tust du mir weh. Wenn du mich lieben würdest, würdest du mir nicht weh tun wollen. Wenn du also diese Rolle nicht spielst, zeigst du mir, daß du mich nicht liebst. Ich werde böse auf dich sein.»

Oder:

«Ich *bin* glücklich. Und ich habe ganz großes Verlangen, mit dir ein bestimmtes Spiel zu spielen. Aber es kann auch das sein, was du gerade spielen willst – oder etwas völlig anderes. Ich liebe DichMich.»

Diese zwei Aussagen gehören Welten an, die nichts miteinander zu tun haben; sie erzeugen völlig unterschiedliche Wirklichkeiten.

Jenseits des Kampfes

Grundvoraussetzung für erfolgreiche Liebesbeziehungen ist die Berücksichtigung einer Banalität: *Der andere ist ein anderer.*

Sein So-Sein ist einzigartig und – genauso wie mein eigenes – ein Zusammenspiel unendlich vieler Faktoren: biographischer, kultureller, sozialer, physischer, hormoneller ... Durch das So-Sein des anderen wird unabdingbar So-Sein bei mir ausgelöst.

Fühlt sich das gut an, sagen wir, wir mögen den anderen. Diese Beziehung bekommt ein Gütesiegel.

Dann gibt es andere Seins-Zustände, die sich nicht besonders gut anfühlen, manchmal sogar ganz schön eklig. Wir fühlen uns unwohl in der Gegenwart des anderen, die Beziehung bekommt eine negative Bewertung, das Gegenüber erscheint uns irgendwie als Feind.

In der Dimension von In-Liebe-Sein braucht daraus jedoch nicht unbedingt Kampf zu erwachsen. Kämpfen*müssen* ist Ausdruck einer Ich- *oder* Du-Welt, in der es Freunde *oder* Feinde, Gewinner *oder* Verlierer geben *muß.* Heute haben wir die Chance, Liebesbeziehungen jenseits der Dimension des Kampfes zu entwerfen.

Sicher, das Gewahrsein der Geschlechterunterschiede, des oft irritierenden Andersseins des Partners ist wichtig; es muß manchmal auch kämpfend in die Beziehung eingearbeitet werden. Jedoch braucht nicht jede Beziehung einen Kontext von Kampf, um in Bewegung zu bleiben. Staunen, Neugierde, Berührtsein vom Anderssein des Gegenübers sind genauso wirksam.

Eigentlich gehört der Glaube an die Naturnotwendigkeit des Kampfes einer vergangenen Welt an, die aus der unterschiedlichen Biologie von Frauen und Männern, aus dem unterschied-

lichen So-Sein von Liebespartnern überhaupt, eine quasi natur-
gesetzliche Gegnerschaft ableitete. Etwas Neues scheint Gestalt
anzunehmen. Es gibt viele Paare, die ohne Kampf, aber auch
ohne den Kampf zu scheuen, sollte er nicht vermeidbar sein, Beziehungen leben, in denen Echtheit, Wachstum, Intensität immer
von neuem dankbar empfangene Geschenke sind.

> «... Ich bin Dir so nah in meiner
> Dankbarkeit und in dieser Nacht
> und in der Liebe zu mir und in
> dem vollen Risiko für alle Zu-
> kunft. Dankbar auch, daß ich
> noch nie mit Dir kämpfen muß-
> te, ohne kämpfen vermeiden zu
> müssen, und ohne das Bedürfnis,
> die Möglichkeit, daß ich eines
> Tages doch mit Dir würde kämp-
> fen müssen, auszuschließen. Das
> ist ein so wundervolles Vertrauen
> in mich, das mein liebendes Ver-
> trauen in Dich einschließt. Ich
> bin dankbar, daß ich so sehr ver-
> trauen kann ...»   L.

Machen sich diese Menschen etwas vor? Aus Harmoniebedürf-
nis oder Konfliktscheu? Sind sie ideologisch verblendet oder so
im Bann ihrer Verliebtheiten, daß sie gar nicht merken, daß es
überhaupt nicht stimmt?

Vielleicht. Vielleicht aber auch nicht.

Ich staune immer wieder über Liebende, die sich all das, was
in ihrem Miteinander-Sein auftaucht, schonungslos zumuten
und dabei die Erfahrung machen, daß das So-Sein des anderen
nicht als manipulierend und verletzend erlebt werden muß, sondern im Zusammenspiel mit dem eigenen einen lustvollen Tanz
ermöglicht.

Es gibt eine Beziehungswelt jenseits der Bedürftigkeit, eine Welt, in der alle nur denkbaren Bedürfnisse schon in der Sehnsucht die Erfüllung in sich tragen. In dieser Welt ist jedes Bedürfnis legitim, doch muß nicht jedes notwendigerweise erfüllt werden.

Es gibt eine Liebeswelt intensivsten absichtslosen Wünschens, in der über lange Zeit Begehren und Gewähren ein wunderschönes und leichtes Wechselspiel sind.

Es gibt eine Liebeswelt ohne Kampf.

> Um bekommen zu können
> was ich will
> braucht es, daß ich will
> was ich habe
> hier
> jetzt

Wie kann sie verwirklicht werden?

Wenn wir dem zustimmen, was ist, wenn wir uns dafür entscheiden, zufrieden zu sein und die unangenehmen Dinge des Lebens nicht einfach zu erdulden, wird Energie frei, die sonst im Kampf versickert. Der Fluß des Lebens kann dann seinen ihm gemäßen Gang nehmen. Wenn er nicht aufgehalten wird, brauchen die unangenehmen Dinge nicht immer wieder zwanghaft zur Oberfläche zu drängen, um da bekämpft zu werden.

Vorbedingungen dafür sind:
Selbstliebe und Selbstannahme
Ich *weiß* um meine Vollkommenheit, so wie ich um die Existenz der Sonne weiß, selbst dann, wenn sie nachts oder an bedeckten Tagen nicht sichtbar ist.

Ich weiß darum, daß Selbstliebe nicht davon abhängt, welche Rolle ich in meinen Beziehungen spiele und wie ich sie spiele. Ich weiß um den Unterschied zwischen Rolle und Person bei mir und bei meinem Partner. Unsere Rollen können sich verstricken.

49

Eine Verstrickung muss aber nicht notwendigerweise zu Kampf führen, sie kann sich unter Lachen auflösen.

Ich bin unverletzbar

In Beziehungen mit Ebenbürtigen kann mich niemand kränken, verletzen, in Frage stellen, demütigen – ohne meine Zustimmung. «Mit meiner Zustimmung» heißt, daß ich der anderen Person innerlich recht gebe, weil ich mich selbst *auch* so sehe oder diesem Menschen allgemein Macht gebe zu sagen, wer ich bin. Ich bin für mein Überleben nicht auf einen spezifischen anderen Menschen angewiesen.

Als Identität bin ich letztlich in mir vollständig. Ich bin als Knotenpunkt in einem zeitlich und örtlich unendlichen Netzwerk mit allem verbunden; anders formuliert: ich enthalte die ganze Welt in mir. (Seelische) Bedürftigkeit und Abhängigkeit haben so ihre dingliche Wirklichkeit verloren. Eine Liebesbeziehung darf zu Ende gehen, wenn ihre Zeit gekommen ist und die Partner, aus welchen Gründen auch immer, nicht miteinander vereinbare Wege gehen wollen.

Das sind Voraussetzungen für Liebesbeziehungen ohne Kampf. Sind sie herstellbar? – Es gibt sehr wohl Dinge, die ich *tun* kann:
- übend die traditionellen Vorgehensweisen meditativ-spiritueller Praxis nutzen,
- die neueren Handwerkszeuge der Psychotherapie einsetzen,
- in einem respektvollen Setting Erfahrungen mit psychoaktiven Stoffen machen…

Wichtig ist, daß die gesellschaftliche Wirklichkeit, der existierende kulturelle und soziale Kontext berücksichtigt wird. Und daß ich mich immer wieder unterstützen lasse, damit ich in diesen Vorgehensweisen nicht nur manipulative «*Um-zu*»-Instrumente sehe, mit denen mein Ego seine eigene Transzendenz zu erzwingen sucht. Wir können uns gegenseitig ermutigen, eine Bereitschaft für Bedingungslosigkeit wachsen zu lassen. Sie beinhaltet allerdings auch, daß wir eventuell an unserem Lebensende erkennen müssen, daß wir uns auf einem Irrweg verloren haben, da es in der Bedingungslosigkeit keine Gewißheit gibt. Wir können uns gegenseitig dabei unterstützen, in unserem Liebesleben nichts mehr erreichen zu *müssen*.

Ich fange damit an, indem ich den *Kampf gegen mich selbst* beende und mit mir selbst Frieden schließe. Dann brauche ich in meinen Liebesbeziehungen nicht mehr mit den Menschen zu kämpfen, die zu lieben ich vorgebe.

Umgehen mit Bedürftigkeit und Frustration

Aufgrund charakterlicher Unterschiede, die wir schon auf diese Welt mitbrachten, und der Unterschiedlichkeit dessen, was uns im Leben widerfährt, gehen wir verschieden mit der Frustrierung vitaler Bedürfnisse um. Jeder webt ein für seine Person spezifisches Muster, das er dann als sich zugehörig betrachtet und mit dem er auch von anderen, zum Beispiel seinen Liebespartnern, identifiziert wird.

Jedes dieser Muster zeitigt Folgen und erzeugt seine eigene Wirklichkeit, die es bestätigt und am Leben erhält. Keines ist besser oder schlechter als ein anderes. Als negativ empfundene Muster brauchen nicht «ausgemerzt» zu werden, wir können sie transformieren, indem wir Neues dazulernen und integrieren.

Es gibt zwei polar entgegengesetzte Grundmuster in der Verarbeitung frustrierter Bedürftigkeit – das aggressive und das depressive. Beide sind sie aus Angst und Verzweiflung geborene Manipulationsinstrumente, mit deren Hilfe der Liebespartner dazu gebracht werden soll, die drängende Bedürftigkeit doch noch zu stillen. Beide versuchen sie, dem *Erleben* der Ohnmacht aus dem Weg zu gehen.

Wenn unsere jeweilige Strategie manchmal einen wenigstens formellen Erfolg bringt (wir kriegen zum Beispiel unseren Partner dazu, daß er mit uns Sex hat, auch wenn er das selbst gar nicht recht will), erleben wir uns bestätigt und werden bei der nächsten Gelegenheit mit noch größerer Selbstverständlichkeit auf diese Strategie zurückgreifen. Auch das vage Gefühl, «Das ist nicht das, was ich *eigentlich* wollte», und eine sich mit der Zeit einstellende Erfolglosigkeit ändern dann nichts mehr daran, wir halten an der eingespielten Strategie fest.

Das *aggressive* Muster versucht den Partner zu dem gewünschten Verhalten zu bewegen, indem es ihm angst macht. Das *depressive* Muster strebt dasselbe Ziel an, indem es im Partner Schuldgefühle weckt.

Bei der Transformation des *aggressiven* Musters wird die darin enthaltene Energie verwandelt in ein kraftvolles und hartnäkkiges Verfolgen der eigenen Wünsche und Bedürfnisse. Bei der Transformation des *depressiven* Musters wandelt sich die darin lebende Möglichkeit des Aufgebens und Loslassens in Hingabe.

In einer Liebesbeziehung trägt jeder der Partner, wie im Yin-Yang-Symbol, auch das Muster des anderen in sich. Wenn beide darum wissen und sich darin üben, das beim anderen Sichtbare auch in sich willkommen zu heißen und zu entbergen, kann es in wechselseitiger Würdigung zur Integration dieser Anteile kommen, und vitale Grundbedürfnisse können in viel größerem Ausmaß befriedigt werden, als dies sonst je möglich wäre.

Vom neurotischen Arrangement zur Freiheit

In meiner Arbeit bekomme ich viel Elend mit, viel Verstricktheit und Verzweiflung. Abgesehen von existentiell bedrohlichen materiellen und sozialen Situationen entsteht und lebt Leid meist im Kontext von Abhängigkeitsbeziehungen. Wir lernen als Kinder die Welt im Rahmen von Abhängigkeitsbeziehungen kennen, aus denen es keinen Fluchtweg gab. So lernten wir dort aus Not-wendigkeit uns selbst und andere zu manipulieren.

Später wird das Bemühen, zu verhindern, daß wir von neuem mit der vernichtenden kindlichen Verlustangst konfrontiert werden, zur Grundlage unserer Liebesbeziehungen. Die Mechanismen, die damals notwendig waren, um zu überleben, blockieren heute ein freies Erleben.

Unter einer Abhängigkeitsbeziehung Erwachsener verstehe ich eine Beziehung, in der vom Partner die Befriedigung von Bedürfnissen, das Stillen von Ängsten und das Erschaffen von Selbstwert erwartet werden, Erwartungen, die der andere nie einlösen kann.

In den meisten Psychotherapien geht es nicht so sehr darum, daß sich erwachsene Menschen konsequent ihrem letztlichen Alleinsein in dieser Welt stellen lernen. Schon deshalb nicht, weil viele Therapeuten sich in ihrem eigenen Leben genausowenig der Herausforderung des Zu-Ende-geboren-Werdens stellen. Psychotherapie beschränkt sich meist darauf, Handwerkszeug zur Verfügung zu stellen, um sich innerhalb der mühsam gerodeten Lichtung in der großen Wildnis des Lebens sicherer und behaglicher einzurichten.

Zwar wird in der therapeutischen Literatur viel vom Endziel Autonomie gesprochen. Aber nur selten wird Autonomie explizit als bedingungslose Verantwortung für die eigenen Gefühle und das eigene Verhalten definiert.

Wenn wir wirklich lieben wollen, können wir nicht mehr in auf falschen Prämissen beruhende Beziehungsdefinitionen zurückkehren, auch wenn sie als «normal» gelten. Als Erwachsener ist meine unmittelbarste Aufgabe im Leben: dafür zu sorgen, daß *mein* Leben funktioniert. Wenn ich das wirklich konsequent mache, werde ich mir meiner Verwobenheit ins große Ganze bewußt und lebe danach. Ich kann dann die unterschiedlichsten Formen von Beziehungen mit anderen Menschen eingehen. Und manchmal sind sie nicht machbar, sind einfach ein Geschenk.

Beziehungen, in denen Menschen nicht wagen, sich selbst zu sein, aus Angst, den anderen zu verletzen, von ihm verletzt oder verlassen zu werden, sind Arrangements. Wir dürfen wagen, aus diesen Arrangements herauszutreten, aus der Abhängigkeit in die Freiheit, weil wir heute nicht mehr in der Zwangsjacke starrer Normen und materieller Lebensumstände stecken.

Das Leben unter der Besatzungsmacht

Ein 6ojähriger Patient, beruflich in verantwortlicher Position, steht in einer quälenden Trennungssituation, nach dreißig Jahren Ehe, dreißig Jahren erfolgreicher Verhinderung echter personaler Begegnung.

Es sei schwer für ihn, seiner Frau gegenüber ehrlich zu sein und nicht in das Muster von Sich-gegenseitig-nicht-wirklich-Zeigen zurückzufallen, das sich durch ihre Beziehung hindurch-gezogen habe.

Er gebrauchte einen Ausdruck, der mich aufhorchen ließ: «Ich erlebte mich während unserer Ehe wie besetzt.» Seine Frau sei ihm die ganzen Jahre wie eine Art Besatzungsmacht erschienen. Er habe sich mundtot machen lassen, es höchstens zur ineffektiven Revolte beziehungsweise zu einem hinterlistigen Partisanenkrieg gebracht. Die Besatzungssoldaten hätten unterschiedliche Form angenommen: Scham, Schuldgefühle und schlechtes Gewissen, Drohungen, ihn zu verlassen, Was-sollen-die-Leute-denken und Wenn-du-gehst-bring-ich-mich-um etc.

In dieser Sitzung wurde er nachdenklich gewahr, daß womöglich seine Frau in diesen ganzen Jahren Ähnliches erlebt hatte. Er sprach von wechselseitiger Okkupation und Unterdrückung. Es erschütterte ihn zu sehen, wie wenig seine «Liebes»-Beziehung Ausdruck von Freiheit, Freiwilligkeit und Nähe war, wie sehr sie geprägt gewesen war von Angst, wechselseitiger Manipulation und einem Sich-voreinander-Verstecken.

Auf die Frage, wann er die Gefühle und Seinszustände, die die Beziehung zu seiner Frau bestimmten, zum ersten Mal erlebt habe, landete er unvermittelt in seiner Kindheit. Er sah den kleinen Jungen vor sich, der sich schuldig fühlte, wenn er das traurige Gesicht seiner Mutter sah. Er erinnerte sich der Scham beim Anblick ihres erhobenen Zeigefingers. Er verspürte die Angst bei ihrer Drohung, ihn ins Heim zu stecken, wenn er nicht brav sei.

Zeit seines Lebens habe er unter dem Diktat des Sichwohlverhaltenmüssens gestanden. Ein inneres Tribunal habe ihn immer wieder verurteilt.

Schlagartig wurde ihm deutlich, wie all das, was in den dreißig Jahren für Elend, Kummer und Schmerz gesorgt hat, darin wurzelte, daß er sich auch als erwachsener Mann hatte beherrschen, besetzen und unterdrücken lassen. Und er sah, daß er seinerseits seiner Frau dasselbe angetan hatte. Erschüttert wurde er einer Banalität gewahr: Ihre Ehe war keine Beziehung zwischen zwei erwachsenen Gegenübern gewesen. Er wurde gewahr, daß er innerlich nie begriffen hatte, daß die Zeit zu Ende war, in der ein anderer Mensch in einer Intimbeziehung *wirkliche* Macht über ihn besaß, *wirklich* die Schlüssel zu seinem Glück oder Unglück in den Händen hielt und ihn damit beherrschen konnte.

In dem Moment, als er emotional begriff, daß er nicht mehr vier, sondern sechzig Jahre alt war, schien etwas von ihm abzufallen. Sein Gesicht entspannte sich, und er begann zu lächeln. «Ich glaube, als Erwachsener habe ich noch nie geliebt, habe noch nie gewagt, mich ganz zu zeigen. Es schwindelt mir, wenn ich mir vorstelle, daß ich das vielleicht lernen kann.»

In den sich anschließenden Sitzungen setzte er sich damit auseinander, daß die kindlichen Erfahrungen und die Erinnerung daran nie ganz gelöscht werden. Er akzeptierte, daß sie immer bereitliegen und durch das So-Sein eines emotional wichtigen menschlichen Gegenübers wie durch Knopfdruck wieder aktiviert werden können.

Bisher hatte in solchen Situationen der 4jährige, überrollt von einer Flutwelle intensivster Gefühle, versucht, Kontrolle zu übernehmen. Da habe es ja niemanden gegeben, der ihm Wegweiser gewesen sei. Er allein, auf sich selbst gestellt, habe Antwort geben müssen auf Fragen, die ihn völlig überforderten und von deren Beantwortung doch so viel abhing.

Nun, nach dem revolutionären Gewahrwerden seines Erwachsenseins, könne er in solchen Situationen vielleicht etwas Neues ausprobieren: den kleinen Jungen in sich willkommen heißen und trösten, statt ihn wie ein lästiges Etwas mundtot machen zu wollen. Ihm gleichzeitig Grenzen setzen und darauf bestehen, daß er, inzwischen ein gestandener Mann, mehr Wissen von den Gesetzmäßigkeiten, Notwendigkeiten und realen Einflußmöglichkeiten habe.

Damit könne er dem kleinen Jungen die benötigte Sicherheit geben, die dieser bräuchte, um die schmerzhaften Gefühle fühlen zu können, statt sie in Panik auszuagieren. Er könne ihm so auch die Möglichkeit bieten, diese Erinnerungen und die damit verknüpften Gefühle abzuschließen, wieder zu seinem natürlichen Zustand von Freude, Begeisterung, Neugier, Liebe zurückzukehren und zusammen mit dem Erwachsenen ein wirklich *ganzer* Mensch zu werden.

Erwachsene Liebesbeziehungen

Wie könnten denn wirklich erwachsene Liebesbeziehungen zweier Menschen aussehen, in denen immer wieder *Neues* auftauchen kann? Können wir sie vielleicht er-finden?

Uns bleibt gar nichts anderes übrig, als sie zu er-finden, wenn wir sie leben wollen. Voraussetzung dafür ist der Abschied von der verbiesterten Rechthaberei unseres Ego, der geronnenen kindlichen Weltsicht mit ihren einschränkenden Glaubenssätzen.

Das gehört mit zum Schwersten, was es gibt, weil es bedeutet, als *Ich*, als Identität freiwillig zu sterben. Hilfreich ist hier das Konstrukt «Inneres Kindes» und «Innerer Erwachsener».

Das «innere Kind» ist das Wesen, mit dem wir auf die Welt gekommen sind. Es ist dieses strahlende, vollkommene Wunder, das sich mit dem Hineingeborenwerden in diese Welt abrupt in einem Zustand absoluter Abhängigkeit auf Leben und Tod vorfindet. Dieses Wesen, das, auf sich allein gestellt, zum Sterben verurteilt wäre und das gleichzeitig berauscht ist vom geheimnisvollen Wunder Leben.

Wie jedes reale kleine Kind ist es überfordert, wenn es in systematischer, auf Sachinformationen gegründeter Art und Weise mit den Gesetzmäßigkeiten der Innerweltlichkeit umgehen soll. Es braucht unbedingt ein verläßliches, weltklügeres Gegenüber.

Der «innere Erwachsene» ist der gewachsene Persönlichkeitsanteil, der Lebenserfahrung hat, abstrakte Gedanken denken, logische Zusammenhänge herstellen, sich ethische Werthaltungen erschaffen, der etwas bewirken und gleichzeitig dienen kann. Er war ursprünglich selbst Teil der Ganzheit des Wunderwesens, wurde dann zum vom «inneren Kind» getrennten Eigenen und vergaß es.

Meist trägt der «innere Erwachsene» zwar einigermaßen wirksam Sorge dafür, daß unsere äußere Stabilität und Kontinuität gesichert ist. Emotionales ist ihm jedoch unheimlich. Wenn es um grundlegende Gefühle geht, vor allem in Liebesbeziehungen, zieht sich der «innere Erwachsene» oft zurück, läßt sich vom «inneren Kind» aus dem Feld schlagen. Dies ist dann im Stich gelassen, sein «Sieg» über den «inneren Erwachsenen» hat nur dazu geführt, daß es allein ist mit einer Situation, die es überfordert und in der Archaisches aufwallt. Daher übernimmt es die Regie auf oft destruktive Art.

Wenn also Menschen in ihren Liebesbeziehungen ihre unerlöste Kindheit leben, dann erstaunt es nicht, daß diese oft so unwürdig und kleinlich sind, so voll Leiden und Groll. Es erstaunt auch nicht, daß die ursprüngliche Wesensart des «inneren Kindes»: Liebe, Kreativität, Freude, Verspieltheit sauer geworden ist und sich in die auf Abruf bereitliegende Gewißheit gewandelt hat, eh wieder enttäuscht zu werden. Wenn wir nicht gesehen, gehört, bewundert wurden und so in der Energie baden konnten, die es braucht, um das Wunder aufblühen zu lassen, dann erstaunt die Resignation in einer ihrer vielen Masken nicht, die die Basis der meisten Dauerbeziehungen ausmacht.

Der Ausweg besteht darin, daß der «innere Erwachsene» sich auf seine Aufgabe besinnt und sich Unterstützung holt, um seinen Job zu erfüllen. Die Psychotherapie hat praktisches Handwerkszeug entwickelt, das dem «inneren Erwachsenen» die Möglichkeit gibt, seine nicht von ihm verschuldeten Defizite aufzuholen. Wenn dies erfolgt, kann es zu einer Integration, Versöhnung und gegenseitigen Befruchtung der

«Welt der Ewigkeit und des Jetzt» – dem Reich des Kindes und der
«Welt der Zeit» – dem Reich des Erwachsenen

kommen. Dann können Wunder entstehen. Das ist zwar harte Arbeit, Rudern gegen den Strom von Wie-es-halt-so-Ist. Aber es läßt sich nichts daran ändern: Die Zeit unserer realen Kindheit ist unwiderruflich zu Ende gegangen.

Unsere Eltern, von denen wir wider alle Hoffnungen in irgendeinem Winkel unserer Seele immer noch gehofft hatten, sie möchten diese vollkommenen Wesen sein, die wir gebraucht hätten, haben sich als alt gewordene, ganz normale Menschen entpuppt.

Unsere Liebespartner, auch das ist eine ganz simple und einfache Wahrheit, befinden sich in der gleichen Situation wie wir selbst und werden uns deshalb nie das geben können, was wir damals gebraucht hätten – eigene Bedürftigkeit schließt bedingungsloses Handeln aus.

Bleibt nur zweierlei:

Entweder wir verbringen mit Marcel Proust unser Leben auf der Suche nach der verlorenen Zeit des Paradieses

oder

wir geben endgültig und ohne Einschränkungen die Hoffnung auf eine bessere *Vergangenheit* auf.

Dann bleibt nur noch eine Person, ein Erwachsener übrig, der sein inneres Kind bedingungslos lieben und ihm gleichzeitig notwendige Grenze sein kann, eine Person, um ihm demütig und stolz zu dienen und sich von ihm aus seiner Überfülle beschenken zu lassen: ICH SELBST.

Das innere Kind oder: Lieben ist so leicht

Ein Freund liebt in einer Dreier-Liebesbeziehung.

In der Beziehung mit seiner Geliebten ist er, wie in seinem Leben überhaupt, glücklich. Sie erschaffen sich immer von neuem die Möglichkeit, alle Freiheit zu haben, das eigene Leben zu leben und dem anderen nicht in einer Weise verpflichtet zu sein, die die Aufgabe des eigenen Ichs fordern würde – außer, wenn Selbstaufgabe als Ausdruck von Freiheit zu Hingabe wird. Seine Geliebte ist neun Jahre jünger als er.

Sie lebt mit ihrer Familie. Die fünfzehn Jahre ihrer Ehe sind eine lange Geschichte von «Krisen». Ihr Mann schwankt in seinem Umgang mit der Situation. Manchmal ist es für ihn, trotz allem Schweren und Schmerzhaften, etwas, was er nicht missen möchte, in der auch für ihn unglaublichen Lebendigkeit. In solchen Phasen ist er ebenbürtiger Mitspieler in diesem Abenteuer. Zu anderen Zeiten wieder erlebt er sich als Opfer und reagiert heftigst. Die drei leben seit mehreren Jahren eine intensiv-lebendige Zeit immer neuer Veränderung.

Der Ausgang ist noch unklar.

Sie wohnen zwar etwa zweihundert Kilometer voneinander entfernt, aber dennoch begleiten die beiden Liebenden sich gegenseitig in ihrem jeweiligen Alltag. Es ist ein sehr fruchtbarer Prozeß wechselseitigen Nährens, der vorher nur Geahntes Wirklichkeit werden läßt.

In Fleisch und Blut sind sie selten zusammen. Zeit als etwas Quantitatives ist in ihrer Beziehung jedoch nur von geringer Bedeutung. Sie sind beide gewahr, daß sie sich nicht gegenseitig brauchen, um ganze und erfüllte Menschen zu sein. Aber sie haben auch gemerkt, daß sie ganz normale unvollkommene Menschen sind und ein Minimum an ungestörtem körperlichem Miteinandersein brauchen, um diese Beziehung zu leben und ihre Vision zu erhalten.

Jetzt hatten sie sich fast sechs Wochen nicht mehr getroffen, weil sie überlappend in Urlaub waren. Die Dichte der inneren Präsenz des anderen war damit schemenhafter geworden.

Nachdem beide wieder dauerhaft zu Hause waren, rief er an.

Er hatte die zurückliegenden Wochen als sehr schön und reich empfunden, hatte viel an einem ihm wichtigen Projekt gearbeitet, war mit Freunden zusammen gewesen und – er sehnte sich nach seiner Geliebten.

Sie war gerade angekommen, hatte Berge von Arbeiten und Pflichten vor sich. Mit ihrem Mann war Knies, und die Kinder, da die Schule noch nicht wieder angefangen hatte, waren den ganzen Tag um sie herum.

Er war enttäuscht, weil er sie in diesem ersten Gespräch verhaltener empfand als sonst. Im Gespräch registrierte er das zwar irgendwie, hätte es aber noch nicht ansprechen können. Nach dem Telefonat fühlte er sich frustriert, unsicher und unruhig. Das Karussell begann sich zu drehen.

Im gängigen Beziehungsalltag gibt es in einer solchen Situation eine Bandbreite von Reaktionsmöglichkeiten. Am häufigsten schaukelt man sich wechselseitig negativ hoch, weil ja der andere verantwortlich ist für mein Leben. Wenn er mich liebt, sollte er dafür sorgen, daß es mir gutgeht. Immer und unter allen Umständen ...

Damit fängt man an, den anderen manipulativ zu bedrängen. Daraus resultiert wachsende Unzufriedenheit. Die Möglichkeit freier Begegnung wird eingeschränkt.

Eine zweite Variante besteht darin, daß man *vernünftig* miteinander spricht. Man einigt sich, die vorgebrachten Gründe als einleuchtend und ehrenwert zu werten. Dann darf man dem anderen nicht böse sein, weil er das Verletzende ja nicht getan hat, um einen zu verletzen.

Das ist der Umgang zivilisierter kleiner Kinder, die sich ein

Erwachsenenkostüm übergestülpt haben: Man versteht. Die bestehenden Gefühle lösen sich allerdings deshalb nicht unbedingt auf – für kleine Kinder bringt es wenig, wenn Erwachsene sie trösten wollen, indem sie ihnen einleuchtende Gründe dafür bringen, warum etwas weh tut. Bis zu einem gewissen Grad funktioniert das zwar, aber um den Preis eines zunehmenden Schwunds der Lebendigkeit in der Beziehung.

Mein Freund griff in dieser Situation auf das im vorhergehenden Kapitel angesprochene therapeutische Konzept vom «inneren Erwachsenen» und «inneren Kind» zurück. Dabei geht es um eine Art inneren Dialoges, die dem «inneren Kind» Gelegenheit gibt, sich vernehmlich zu machen und gewiß zu sein, daß es gehört, gesehen und gefühlt wird.

Der «innere Erwachsene» sagte:

«Ja, ich hör dir zu. Erzähle mir, was dich bedrückt.»

Für das «innere Kind» ist es ein Wagnis, sich im Vertrauen auf die Verläßlichkeit der Beziehung zu zeigen, ungefiltert und unzensiert. Es ist ein Wagnis, allen Gefühlen, Spekulationen, Schlußfolgerungen Raum zu geben und sie auszusprechen, die einleuchtendsten genauso wie diejenigen, die in den Augen des Gegenübers «blöd» oder «böse» sein könnten. Es braucht Mut, sich in seiner Hilflosigkeit und Angst zu zeigen.

Sein «inneres Kind» erzählte ihm:

«Ich bin böse auf sie, weil sie so kurz angebunden war. Sie liebt mich nicht mehr. Jetzt habe ich auch keine Lust mehr, sie soll sehen, was sie macht ... Aber, bin ich denn nicht schlecht, wenn ich so was denke? Verdiene ich nicht, daß sie mich nicht mehr mag?»

Sein «innerer Erwachsener» konnte zuhören und antwortete:

«Ja, ich höre, daß du enttäuscht bist und nicht weißt, was du machen sollst. Auch, daß du jetzt viel Liebe brauchst. Weißt du, ich sehe, daß sie im Moment einfach nicht anders kann. Was ich von ihr weiß, ist, daß ihr das nicht leichtfällt. Sie hat auch ein kleines Mädchen in sich, wie ich dich als meinen kleinen Jungen in mir habe. Und das ist sicher auch enttäuscht. Vielleicht führen sie auch gerade ein ähnliches Gespräch wie wir miteinander. Und, es bleibt dabei, das, was du jetzt wünschst, kannst du von ihr nicht bekommen. Was können wir jetzt machen? Ich habe einen Vorschlag: Vielleicht könnte ja *ich* dir etwas geben. Ich liebe dich absolut und bedingungslos. Du kannst dich auch darauf verlassen, daß ich dich beschützen werde. Kannst du das hören?»

Sein «inneres Kind» hat geantwortet:

«Es fällt mir schwer, darauf zu verzichten, daß ich's nicht so haben kann, wie ich's will. Aber vielleicht kann das, was du mir anbietest, ja auch ganz schön sein. Danke. Ich glaube, ich kann auch damit zufrieden sein. Ein bißchen traurig bin ich trotzdem noch. Darf ich das, oder denkst du dann, ich sei undankbar?

Und ich brauche noch etwas anderes von dir. Ein Versprechen. Weißt du, ich möchte wirklich häufiger mit ihr zusammen sein, mit ihr spielen und tanzen und Geborgenheit und Schmusen und Sex erleben. Wenn ich mich allein darum kümmern muß, dann bin ich überfordert, werde ängstlich oder plump und erreiche meist genau das Gegenteil davon. Das weiß ich. Deshalb bitte ich dich, daß du Verantwortung übernimmst, mit ihr zusammen es so einzurichten, daß solche Situationen nicht zu häufig vorkommen. Ich verlasse mich da auf dich, auf deine Stärke, deine Fertigkeit und deine liebevolle Bereitschaft und Entschlossenheit.»

Nachdem er sich für die Begegnung mit sich selbst Zeit genommen hatte, konnte er auch mit seiner Geliebten offen darüber sprechen, und es brauchte nur ein Geringes. Sie fingen an, miteinander zu lachen, liebevoll, versöhnt in Leichtigkeit. Sie wurden wieder einmal gewahr, daß Ekstase darin besteht, daß alles, was ist, seinen Platz hat.

Die Chance der Individualisierung

Zu Ende geführter,
wohlverstandener
Egoismus
führt zwangsläufig zu
liebender Hingabe.

Natürlich gibt es Gesetzmäßigkeiten für Liebesbeziehungen, wenn sie aus der Dimension von Geschenk und Gnade in unsere Alltagswelt hineinwachsen sollen.

Um Liebesbeziehungen zu ermöglichen, in denen Menschen als die, die sie jetzt sind, Raum haben, in denen das So-Sein des einen, selbst wenn es immer wieder störend und schmerzhaft für den anderen ist, mit Staunen und Ehrfurcht erlebt werden kann, um Liebesbeziehungen zu ermöglichen, die Hingabe an das Leben sind, müssen beide Partner sich auf einem Niveau von Erwachsensein, Selbstliebe und Lebensbewältigungsfähigkeit befinden, das nicht allzu unterschiedlich ist.

In Situationen, in denen einer von beiden aufgrund seiner Biographie so verkrüppelt ist, daß schon der Gedanke von Freiheit und Selbstverantwortung zu bedrohlich ist, ist die Verwirklichung einer befreiten Liebesbeziehung beinahe unmöglich.

Dasselbe gilt für Situationen, in denen eine materielle Abhängigkeit vorliegt beziehungsweise die *Freiheit von* ... zu klein ist, um Raum für die *Freiheit zu* ... zu schaffen.

Auch können solche Liebesbeziehungen nicht funktionieren in Gesellschaften, die noch in der archaischen Kindlichkeit, im Geborgensein im Überindividuellen, im Zeitalter vor der Individualisierung leben.

Im Klartext: Der Quantensprung vom Haben zum Sein in Liebesbeziehungen, der Abschied von der Abhängigkeit, ist, über Ausnahmen hinaus, nur unter Bedingungen zu denken, über die die Erstweltländer, und auch hier nicht alle Menschen, derzeit – noch – verfügen.

Wir verfügen über materielle und strukturelle Bedingungen, um vielen Menschen einen Entwicklungssprung in der Kunst des Liebens zu ermöglichen. Die Wurzeln dieses Prozesses reichen weit zurück. Vor Tausenden von Jahren hat langsam der Prozeß der Individualisierung begonnen; sein Ursprung lag im Gewahrwerden, daß ich als einzelner nicht unbedingt sterbe, wenn mich die Sippe verstößt oder ich mich selbst innerlich oder äußerlich von der Sippe entferne. Das hat zu einem rauschhaften Stolz geführt und die Entwicklung eingeleitet, an deren Kulminations- und damit Wendepunkt wir in der westlichen Welt jetzt stehen.

Genau so, wie sich der einzelne Mensch zunehmend von der Sippe getrennt erlebte, begann sich der *Mensch* auch als von der *Natur* Getrenntes zu sehen. Er begann als Subjekt auf das andere als Objekt zu blicken, das es zu beherrschen, zu besiegen, zu manipulieren galt. Griechische Philosophen dachten den Gedanken des Getrenntseins von *Ich* und Nicht-*Ich* weiter und formulierten die Theorie des *Solipsismus*. Dieser behauptet: «Außer mir gibt es nichts auf der Welt.» All das, was mir begegnet, ist Ich. Es gibt kein Nicht-Ich. Alles Objekthafte ist letztlich Teil des Subjektes beziehungsweise seine Projektion.

Im archaischen Denken gibt es letztlich kein *Ich*.
Bei der Individualisierung stehen sich *Ich* und *Nicht-Ich* als zwei separat voneinander existierende Welten gegenüber.
Im Solipsismus gibt es letztlich kein *Nicht-Ich*.

Die Individualisierung entwickelte sich bis zu dem Punkt, an dem wir heute stehen. Der Mensch befindet sich auf dem Niveau eines Krebsgeschwulstes, das vergessen hat, daß es Teil eines größeren Organismus ist und daß es bald nichts mehr zum Selbstverwirklichen geben wird, wenn es damit fortfährt.

Die Antwort liegt nicht darin, den Prozeß der Individualisierung und Selbstverwirklichung zu stoppen oder sogar rückgängig zu machen. Im Gegenteil, der Individualisierungsprozeß muß konsequent weiter – und zu Ende geführt werden.

Wo gibt es lustvollere Trainingsmöglichkeiten als in unseren Liebesbeziehungen, die die letzte Bastion des archaischen Denkens darstellen, nach dem Menschen existentiell auf das Einssein mit einem spezifischen Nicht-Ich angewiesen sind? In Liebesbeziehungen unter Ebenbürtigen haben wir heute die Chance, die Individualisierung zu Ende zu führen und zu erfüllen. Das wäre dann wirklich gelebter Solipsismus. Wenn nichts außer mir ist, dann bin ich uneingeschränkt verantwortlich für alles, was für mich als real auftaucht und auf mich wirkt.

Dann treffen die beiden Pole in ihrer Vollendung wieder zusammen, werden wieder zu Einem. Dann sind

Ich und Du
Individualität und In-Beziehung-Stehen,
Freiheit und Verbindlichkeit,
Nichts-Brauchen und Intensivst-Wollen,
Loslassen und Festhalten,
Geschehenlassen und Verantwortung,
Spontaneität und Planung,
Chaos und Struktur,
Ewigkeit und Zeit,
Sein und Haben,
Alles und Nichts,

nichts Unversöhnliches oder unvereinbar Gegensätzliches mehr. Eines ist Ausdruck im anderen, wie im Yin-Yang-Symbol. Dann erst kann die Ich-oder-Du-Welt zu einer Ich-und-Du-Welt werden.

Das Zuendeführen des Individualisierungsprozesses ist unumgänglich, wenn wir als Menschen auf diesem Planeten weiter existieren wollen.

Wir Menschen der Erstweltländer haben eine besondere Verantwortung. Es nützt niemandem, wenn wir darauf verzichten, unsere Privilegiertheit zu leben, weil der Gedanke an die Lebensbedingungen der großen Mehrheit der Menschen uns Schuldgefühle verursacht. Es schadet allen, wenn wir sie rücksichtslos und kaltherzig ausleben.

Was ansteht, ist, daß wir unsere Privilegiertheit in Ehrfurcht nutzen, uns vom Leben beschenken lassen und das Geschenkte, anstatt es zu krallen und zwanghaft immer mehr zu wollen, durch uns hindurchfließen lassen und bedingungslos weiterschenken.

Dann sind wir Teil eines liebenden, lebenden Netzwerks, in dem ICH und DU sich nicht mehr getrennt gegenüberstehen und sich nicht mehr wechselseitig Wirklichkeitscharakter absprechen.

Die Angst zu verarmen

Liebe ist das einzige,
das sich vermehrt,
wenn wir es verschenken.

R. HUCH

*D*er Ich-Begriff, der mit dem Individualismus entstand, macht aus *Ich* etwas Dinghaftes. Der Hautsack meines Körpers ist in dieser Sicht Behälter für Eigenschaften, Erfahrungen, Gefühle, Wertvorstellungen, Verhaltensweisen. Verfügen über sie kann ich nur, wenn und solange ich sie als Dinge *in mir* enthalte. Im Leben komme ich um so besser zurecht, wenn ich über viele von den Dingen verfüge, die für gut befunden werden, und so wenig wie möglich von denen in mir trage, die als nicht wünschenswert gelten.

Mein ganzes Leben strebe ich danach, mir aus dem Raum des Nicht-Ich immer mehr von den erstrebenswerten Dingen einzuverleiben. Nur selten schwimmen sie frei herum. Meist muß ich sie jemandem nehmen, der dann weniger davon hat. Einige Dinge sind auch in mich hineingeraten, beziehungsweise wurden in mich hineingezwungen, die ich nicht mag und die ich loszuwerden versuche. Das sind die heißen Kartoffeln, die ich mich anderen in die Hände zu drücken bemühe. Einige von den Dingern werden auch ausgetauscht mit anderen, vorsichtig irgendwie, damit das Geben und Nehmen ja immer auch ausgeglichen ist. Und wichtig ist, daß das Geben dort aufhört, wo man den Notvorrat wähnt.

Wenn du dein Liebesleben anschaust, handelst du nicht, als ob du von einem bestimmten «Ding» immer wieder Nachschub brauchtest (sexuell zum Beispiel in Beischlafeinheiten, Orgasmuseinheiten gemessen)? Und zwar von einer *bestimmten* Person, die dann deine Tankstelle ist, mit der du einen impliziten oder expliziten Servicevertrag hast?

In diesem Kontext werden wir Menschen zu etwas Ähnlichem wie den *grauen Herren* in Michael Endes *Momo*. Diese brauchen die Lebendigkeit der anderen, sonst lösen sie sich auf. Geht ihr Vorrat zur Neige, bekommen sie Panik und scheuen vor nichts zurück, um an das Lebens-Notwendige zu kommen. «Wenn du mich verläßt, überlebe ich das nicht.» – Schon mal gehört?

Fühlst du dich umgekehrt nicht verpflichtet, deinem Liebespartner die Dinge zu liefern, die er zu brauchen meint?

Manchmal entledigst du dich dieser Pflicht mit Genuß und wirst selbst reichlich beschenkt dabei.

Manchmal erlebst du es wie einen bedrohlichen Druck.

Es ist ein Kontext von Mangel, der zu diesem Verhalten führt, und die Angst zu verarmen ist mächtig. Voraussetzung für diesen Kontext ist, daß ich und die Welt voneinander getrennt und nur durch Erwerbs- und Tauschbeziehungen miteinander verbundene Dimensionen sind.

Wenn wir auf dem Weg weitergehen, der von den präindividualistischen Kulturen über die Entwicklung einer immer konsequenteren Individualisierung bis zu deren Erfüllung im positiven Sinn führt, wird als nächster Schritt eine Kultur auftauchen, in der Ich und Identität sich wieder in einen anderen Kontext hineintransformieren. *Ich* und meine Identität sind dann momentane Verdichtungspunkte in einem Netzwerk von Eigenschaften, Erfahrungen, Gefühlen, Wertvorstellungen, Verhaltensweisen, das die ganze Menschheit umspannt. Man könnte sagen, Diskurse der Menschheit.

Das, um was es auf dieser Stufe letztlich geht, ist nicht dinglich. Deshalb ist in diesem Kontext ein Verarmen als *Ich* unmöglich. Bedingungsloses, absichtsloses Geben und Nehmen, Schenken und Beschenkenlassen, Hingeben und Hingabe empfangen ohne Kalkül wird möglich.

Verlust der Liebesfähigkeit aus Angst vor dem Verlust des Geliebten

Vor einigen Jahren kam ein Ehepaar zu mir in Behandlung, das zwei Kinder verloren hatte. Eines war mit sechs Jahren an einem Unfall gestorben, das andere halbjährig am sogenannten plötzlichen Kindstod.

Danach hatten sie nochmal ein Kind bekommen. Doch die Frau konnte dieses Kind einfach nicht lieben und empfand das als entsetzlich und völlig unverständlich.

Das Wesentliche wurde schnell deutlich: Der Schmerz über den Verlust beider Kinder war abgrundtief, existenzbedrohend. Die beiden hatten sich zwar gegenseitig getröstet, aber all dem, was auftauchte, konnten sie nicht Raum geben, sie konnten sich dem Schmerz nicht öffnen. Sie blieben stecken im Unabgeschlossenen.

In bester Absicht sorgte ihr Unbewußtes dafür, daß sich die Katastrophe nicht noch einmal wiederholte. Deshalb verhinderte es Nähe und Liebe zu dem jüngsten Kind:

Wenn ich es nicht liebe, kann ich auch nicht verletzt werden, wenn es mich verläßt.

Im Verlauf der Therapie wurde zweierlei deutlich:

Das Paar hatte bisher nicht wirklich getrauert, sondern war *versteinert,* und beide hatten sich gegenseitig vor dem Erleben des Schreckens *geschützt.*

Ganz behutsam begannen sie jetzt, sich all den zurückgehaltenen Gefühlen, Erfahrungen, Schlußfolgerungen zu öffnen und miteinander darüber zu sprechen. Damit gelang es ihnen allmählich, aus der Starre wieder in den Fluß des Lebens zu gelangen.

Hinzu kam etwas eher Außergewöhnliches: Sie begannen sich damit auseinanderzusetzen, daß Liebe generell nicht ein

Ding ist, das man beim geliebten Menschen deponiert. Kein Ding, das dieser, wenn er sich aus irgendwelchen Gründen aus unserem Leben verabschiedet, mit sich fortnimmt, so daß er uns mit einem Loch, das nie mehr gefüllt werden kann, zurückläßt.

Diese beiden Menschen konnten sich miteinander auf das Abenteuer einlassen, Liebe als etwas Unbegrenztes zu betrachten, das jederzeit in ihnen selbst und um sie herum vorhanden ist. Etwas, das man frei schenken und mit dem man sich frei beschenken lassen kann.

Sie konnten langsam unterscheiden zwischen dem Trauern über einen konkreten Verlust und einem Verarmen an Liebe.

Vor kurzem hatte ich ein Nachgespräch mit den beiden. Es war wunderschön, mitzubekommen, wie sie gewachsen sind. Sie haben inzwischen ein viertes Kind. Beiden lebenden Kindern geht es gut.

Die beiden Erwachsenen haben in ihrer Liebesbeziehung etwas erreicht, was nicht alltäglich ist: Sie können sich wechselseitig Liebe schenken und sich vom anderen beschenken lassen – im wachen Wissen darum, daß dies vielleicht schon im nächsten Augenblick nicht mehr möglich ist.

Die Frau erzählte, dadurch habe sich ihr die Möglichkeit einer liebenden Beziehung zu ihrem Mann und ihren Kindern eröffnet, von der sie früher nicht einmal gewagt habe zu träumen.

Sie habe gelernt, so zu leben, daß nichts Wichtiges auf morgen oder ein Irgendwann verschoben würde, das es unter Umständen gar nicht gäbe. Dadurch habe sie im Umgang mit Vergänglichkeit eine Leichtigkeit gewonnen, die sie immer wieder erstaune.

Das Grundmuster, sich, um Schmerz zu vermeiden, nicht wirklich ganz in Liebe hineinfallen zu lassen, existiert in unterschiedlichem Ausmaß auch in den meisten Liebesbeziehungen zwischen erwachsenen, ebenbürtigen Liebespartnern. Um es zu transformieren, gibt es, Gott sei Dank, auch andere Wege als nur den über den Tod des geliebten Menschen.

Jenseits der Komplementarität

*I*n der Vergangenheit war Komplementarität, die wechselseitige Ergänzung der Partner im gemeinsamen Bündnis *gegen* das Leben, Basis der meisten dauerhaften Paarbeziehungen. Das war not-wendigerweise so und erzwang festdefinierte, wenig wandelbare Rollenverteilungen. Die Gestaltungsspielräume für Liebende waren entsprechend gering.

Heute liegen fundamental andere Voraussetzungen vor. In Erstweltländern gibt es viele Menschen, für die der materiell begründete Zwang zur Komplementarität in Liebesbeziehungen nicht mehr besteht. Wir haben gesellschaftliche Strukturen geschaffen, die vielen die Freiheit von Not, Ausgrenzung, Hunger etc. garantieren. Darüber hinaus haben wir psychologische Methoden entwickelt und allgemein zugänglich gemacht, die Menschen befähigten, in ihren Liebesbeziehungen von *Opfern* der Umstände zu *Tätern* zu werden.

Damit verfügen wir über Voraussetzungen, um unser Liebes-Leben als ein wach und in Bezogenheit gelebtes Experiment zu er-finden, ein Kunstwerk daraus zu machen. Wir haben so viele Möglichkeiten, wir müssen nur Gebrauch von ihnen machen.

Die größte Hommage an all diejenigen, die sich in der Vergangenheit mit ihrem Leben für ihre persönliche Vision von erfüllter Menschlichkeit und authentischem Sein in Liebesbeziehungen eingesetzt haben, besteht darin, die Früchte ihres Sich-Vorwagens zu nutzen, in Ehrfurcht und Dankbarkeit.

«Die Protagonisten ... gehören zu einer Generation des Übergangs zu einem noch zu erfindenden Leben, sie sind Pioniere

in dem weiten Land der modernen Seele. Und deshalb ist ihr ...
Leben eine Geschichte jenseits
überkommener Moral und doch
eine moralische Geschichte, weil
die Möglichkeit einer anderen
Moral auf dem Prüfstand steht.»

Manfred Flügge

Wir sind damit die erste Generation, die mit der Möglichkeit
beschenkt ist, der Liebe selbst verpflichtet sein zu können, ohne
daß das zu Lasten der Menschen gehen muß, in denen die Liebe
sich uns zeigt.

Romantische Liebesbeziehungen

In den Armen meines Geliebten
werd' ich von jetzt zu jetzt,
schwebe durch Rosendüfte
und lachend durch Mauern

Vergehen und Werden sind eins
und meine Gestalten einerlei die,
die ich bin
im Alleins
in den Armen meines Geliebten.

L.

*I*m Gespräch mit einer Freundin, die seit einigen Monaten eine heimliche Beziehung lebt, total «verknallt» ist und dem ganzen Sturm der Gefühle ausgeliefert, die eine solche Situation begleiten, kamen wir auf «romantische Liebe» zu sprechen.

Ihren Mann, mit dem sie seit 20 Jahren zusammen ist, schätze sie sehr, sie seien nah und vertraut. Auch noch nach so vielen Jahren sei Sex immer wieder schön und nährend, geprägt von wechselseitiger Achtung, erfüllt von tiefer Zärtlichkeit.

Er ist ihre Jugendliebe, die Beziehung war nie von heftiger Leidenschaftlichkeit bestimmt. Bisher habe sie das auch gar nicht vermißt. Zwar habe sie hin und wieder sehnsüchtige Zweifel empfunden, wenn sie zum Beispiel beim Durchblättern von Illustrierten Sex als *das* große, überwältigende Erlebnis, den Big Bang, beschrieben gefunden habe. Dann habe sie sich schon auch mal gefragt, ob denn bei ihr alles stimme, weil sie dieses Feuerwerk, Erdbeben und Sturmflut in einem, mit ihrem Mann nicht erlebe. Mehr als eine leise Beunruhigung bedeutete das jedoch nicht, sie war zufrieden.

In der heimlichen Beziehung zu ihrem Geliebten eröffnete sich ihr schlagartig diese bisher nur erahnte Welt. Sie lebte in einem Rausch köstlichster Intensität, wie das eben so ist, wenn man voll verliebt ist. Alles an ihr war Fließen und Schmelzen. Nur, da war ja auch noch die andere Welt: ihre Familie, die Beziehung zu ihrem Mann und ihren vier Kindern, alles, was sie in den gemeinsamen Jahren, nicht nur an Materiellem, miteinander erarbeitet hatten.

Sie erlebte sich hin- und hergerissen zwischen wildesten Sehnsüchten und heftigsten Schuldgefühlen, Trotz und Angst, Ekstase und Verzweiflung.

Über das, was man so landläufig romantische Liebe nennt, habe sie bis dahin immer gelächelt.

Wir überlegten, daß es vielleicht zwei unterschiedliche Formen *romantischer Liebe* gibt.

In dem, was gängig darunter verstanden wird, geht es um den Versuch, etwas zu finden, was es für Erwachsene nicht mehr gibt: Das *dauerhafte* Rückgängigmachen des Getrenntseins. Kindheit, die Zeit zwischen Geburt und Erwachsenwerden, besteht ja darin, daß der Prozeß der Trennung, der mit dem Durchschneiden der Nabelschnur körperlich vollzogen wurde, nun auch vom Rest der Person nach und nach verwirklicht wird.

Nach dem kurzen Moment von Panik, wenn die bisher selbstverständliche Zufuhr alles Lebensnotwendigen nach dem Kappen der Versorgungsleitung brüsk abgeschnitten wird, erlebt das Kind im *organischen* Bereich, daß es als getrenntes Wesen überlebensfähig ist.

Auf der *emotionalen* Ebene verläuft dieser Prozeß auch in einer normalen Kindheit bei weitem nicht so klar. Damit er konsequent zu Ende geführt werden könnte und aus Kindern später einmal emotional erwachsene Menschen werden, die um ihr existentielles Getrenntsein wissen und fähig sind, *Liebende* zu sein, bräuchte es in der Kindheit ein Ausmaß bedingungsloser Liebe, das die Eltern, die ihrerseits beschädigte, bedürftige Wesen sind, nie geben können.

Kindliche Unerfülltheit ist naturgegeben und führt später zu Sehn-Sucht nach Erlösung im dauerhaften Verschmelzen mit dem Geliebten. Die meisten romantischen Liebesbeziehungen zwischen Erwachsenen zeugen davon, daß diese Sehnsucht nie erfüllt wurde und deshalb weiterhin süchtig ersehnt wird.

Romantisches Verliebtsein ist die kürzer oder länger dauernde rauschhaft erlebte Zeitspanne, in der das kleine Kind, das in jedem von uns lebt, selig aufseufzend, beziehungsweise im Sex aufstöhnend, wähnt, all das Schreckliche, Enttäuschende, was es in den ganzen Jahren erlebt hat, sei nur ein böser Traum gewesen, der endlich zu Ende gegangen ist. Wider alles Wissen glauben Verliebte irgendwie, daß der Partner sich wie durch die Berührung mit dem Stab der guten Fee von einem ganz gewöhnlichen Menschen in die vollkommene Mutter oder den vollkommenen Vater verwandelt habe. Sie hoffen, daß die Zeit der nimmer endenden Seligkeit endlich angebrochen ist.

Nach einiger Zeit geschieht dann das Unvermeidbare: Der Lack ist ab. Die beiden Verliebten merken schmerzhaft, daß der andere genauso wie man selbst eine Mogelpackung ist.

Entsprechend den von der Transaktionsanalyse definierten menschlichen Grundpositionen:

Ich bin o. k. – du bist nicht o. k.
Du bist o. k. – ich bin nicht o. k.
Niemand ist o. k.,

kommt es dann dazu, daß man auf *Schuldsuche* geht – bei sich selbst, beim Partner – oder aber bei dem Fazit landet, daß die ganze Welt und das Leben überhaupt beschissen und ungerecht sind.

Irgendwas oder irgend jemand muß ja schließlich schuld sein. Entweder endet die Enttäuschung in einem nicht endenden schäbigen Kleinkrieg der ehemals Verliebten mit Spielen ersten, zweiten oder dritten Grades (Spiele ersten Grades sind solche, die man in der Öffentlichkeit spielt, Spiele zweiten Grades spielt man lieber hinter vorgezogenen Gardinen, Spiele dritten Grades enden in der Klapse, im Knast oder auf dem Friedhof),

oder

es kommt zu dem, was eine *gute Ehe* genannt wird: ein immer abgeklärteres Vernünftigwerden – von simpler Langeweile bis zu einem friedlichen, respektvollen und nährenden Miteinander –, bei dem aber die Trauer über das nicht wiedergefundene Paradies keinen Platz bekam und die darin enthaltene Lebensenergie ungenutzt blieb.

Oder damit,

daß Menschen aus der Sehnsucht in die Sucht des Sehnens geraten und wie selbstverständlich nach dem Motto «Beim nächsten Mann wird alles anders» mit immer wieder neuen Partnerinnen und Partnern dasselbe suchen und erleben,

oder aber

Beziehungen schon beenden, bevor es zur Ent-Täuschung kommen kann.

Diese Spielarten *romantischer Liebe* und die daraus sich ergebenden Schicksale könnte man kindlich-neurotisch nennen.

Nun, vielleicht gibt es noch etwas anderes. Vielleicht gibt es Liebesbeziehungen, bei denen all die Gefühle, die in *romantischen Beziehungen* auftauchen, vorhanden sind und sogar noch viel mehr, ohne die zwangsläufige Enttäuschung.

Vielleicht gibt es etwas wie:

Ich brauche nichts von Dir
und warte nicht auf Dich
bin ganz
ohne ein Ergänzen
und in die Fülle
all dessen was ich bin
kommst du
bist Wunder an Schenken

und wirst
Du als Du
mit mir als ich
ein Drittes
                    L.

Vielleicht könnte so eine romantische Liebesbeziehung zwischen wirklich Erwachsenen aussehen, zwischen Menschen, die emotional zu Ende geboren sind, um ihre Getrenntheit und existentielle Einsamkeit wissen und den Abschied von der Abhängigkeit vollzogen haben.

Sie wäre ein Spiel in Leichtigkeit, absichtsloses Geben und Nehmen und deshalb frei, jeden Moment in sich erfüllt und deshalb nicht auf Dauer angelegt. Sie dürfte jeden Moment sterben und kann deshalb auch ewig leben. Alles könnte sein in ihr, weil nichts sein muß.

In ihr ginge es letztlich nicht mehr um eine Liebesbeziehung zwischen zwei Personen, sondern um die des Lebens mit sich selbst, die sich in diesem Moment in genau diesen beiden Personen manifestiert.

Eine romantische Liebesbeziehung, die dadurch entstehen kann, daß sich diese «Liebesbeziehung des Lebens mit sich selbst» auch in jedem der beiden Partner unabhängig vom anderen offenbart, daß beide in einer *Liebesbeziehung mit sich selbst* stehen, und, sollte ihre gemeinsame Liebe zu Ende gehen, frei sind, eine Liebesbeziehung mit sich allein weiterzuführen, sich von einer neuen Liebe mit einem anderen Menschen beschenken zu lassen

oder

in einer der unendlich vielen anderen Formen der Liebesbeziehungen des Lebens mit sich selbst hineinzutauchen, die dann möglicherweise überhaupt nichts mehr zu tun hat mit dem, was wir romantisch nennen.

Sich selbst sein – sich gehenlassen

Einer meiner Patienten ist seit Jahren erfolglos auf der Suche nach einer Frau, die ihn bedingungslos liebt. Er gibt sich alle Mühe, attraktiv genug für dieses Fabelwesen zu werden. Vor kurzem erzählte er von seinen Träumen, wie es sein würde, wenn er diese Frau erobert hätte, sie verheiratet und zusammen mit Kindern eine richtige Familie wären: Dann könnte er endlich mit dieser Plackerei aufhören und sich gehen lassen. Dann würde sie ihm gehören, und er hätte sie als sicheren Besitz bis an sein selig Ende. Es wäre ihre selbstverständliche Pflicht, ihn zu lieben und mit all dem zu versorgen, was er brauche – vom Waschen seiner schmutzigen Unterhosen bis zu romantischen Stunden mit aufregendem Sex.

In seiner Liebeswelt gibt es keine Alternativen: Um eine Frau einzufangen, muß man eine Rolle spielen, zu der man sich überwinden muß. Wenn man sie einmal «hat», kann man mit der Anstrengung aufhören. Die dann durchbrechende wahre eigene Natur ist bequem und asozial und verwandelt einen in einen Menschen, mit dem niemand eine Liebesbeziehung haben möchte.

Irgendwie weiß er, wie die meisten anderen Menschen auch, daß dieses Konzept nicht funktionieren kann und wahrscheinlich seine Märchenfee, sollte er die je finden, Ähnliches erträumt. Der Traum ist jedoch hartnäckig und hält sich wider die millionenfache Evidenz der Realität.

Es fällt diesem Mann schwer zu glauben, daß es für ihn jenseits dieses Dilemmas eine Freiheit geben könnte, daß er selbst und ohne Mühe ein weit attraktiverer Mann sein könnte als mit all den Verrenkungen.

Auch fällt es ihm schwer, sich seine zukünftige Lebensgefährtin als etwas anderes vorzustellen als eine Servicestation für das von ihm Benötigte, eine Servicestation, von der er dann abhängig ist.

Es fällt ihm schwer, sie sich als ein Wunder vorzustellen, das er mit liebenden Augen immer von neuem entdecken kann. Genauso wie sich selbst.

Wie in einer Karikatur überzeichnet dieser Mann das normale Verhalten: Solange man um jemanden wirbt, nimmt man sich zusammen, macht sich attraktiv. Während der Phase der Verliebtheit geht das sogar meist noch wie von selbst und nährt die Hoffnung, man habe sich wie durch ein Wunder in die Person verwandelt, von der man immer geträumt hat. Wenn man den Partner dann hat, schleicht sich die Ernüchterung ein. Man wird langsam wieder zu der alten Person, die man immer gewesen ist, der Partner verhält sich genauso. Und dann wundert man sich, warum die wechselseitige Attraktivität mit der Zeit schwindet und man sich entweder mit einem gelangweilten Nebeneinanderherleben abfindet oder sich aber in eine neue Verliebtheit mit einem fremden Menschen flüchtet, um sich vom Sog der Pheromone und Hormone wieder ein Stück weit bis zur nächsten Enttäuschung tragen zu lassen.

Hinter all dem steht die im Laufe der Kindheit gewachsene Überzeugung: Um jemandem zu gefallen und geliebt zu werden, reicht es nicht aus, wenn ich so bin, wie ich bin. Ich muss, und das ist furchtbar anstrengend, versuchen, so zu werden, wie ich denke, daß der andere mich haben will.

Die Idee, daß wir so, wie wir sind, am attraktivsten sind, weil dann das natürliche Kind in uns aus dem unendlichen Reservoir seiner Liebesfähigkeit, spielerischen Kreativität und Schönheit schöpfen kann, ist in der Praxis alles andere als selbstverständlich.

Genauso wie die Idee, daß es befriedigender ist, Liebender zu sein, als sich krampfhaft darum zu bemühen, geliebt zu werden.

Verminderte Zurechnungsfähigkeit?

*E*in befreundetes Paar las mein Manuskript und kommentierte seufzend: «Das ist ja alles wahr. Aber zu idealistisch. Wer schafft es schon, damit ernst zu machen? Wir sind schließlich nur gewöhnliche Menschen.»

In der Kirche, in Philosophie und Poesie, in Selbsterfahrungsgruppen oder esoterischen Zirkeln können wir uns folgenlos erhebende Wahrheiten, tiefe Weisheiten und Erkenntnisse über die Liebe und die wahre Natur des Menschen «reinziehen» und träumend gewahr werden, daß da unser innerstes Wesen angesprochen ist.

In unserem Liebesalltag lassen wir gleichzeitig zu, daß davon nach der Gnade der ersten Verliebtheit nur noch kümmerliche Reste übrigbleiben, weil sich mit der Zeit unsere reaktiven Gefühle und Impulse breitmachen. Kaum ein Paar setzt sich offen das Ziel, sein persönliches und gemeinsames Potential an Liebe, menschlicher Schönheit und Größe bewußt zum Wachsen zu bringen.

Im Verlauf einer Liebesbeziehung definiert zwar jedes Paar, in welchem Maße die Partner voneinander fordern können, Triebe, Impulse und Verhaltensweisen zu «beherrschen» und wie sie miteinander im Rahmen eines implizit oder explizit ausgehandelten Systems von Regeln umgehen wollen.

Aber das betrifft meist nur den sozialen Oberflächenbereich. Da, wo es um Liebe und Freiheit, tiefe emotionale Bedürftigkeit, wechselseitige Abhängigkeit geht, haben wir uns daran gewöhnt, uns «gehenzulassen» – uns wie selbstverständlich der Automatik unserer Gefühle und Impulse zu überlassen und auch noch daran zu glauben, daß das Leben halt so ist. «Spontan» muten wir in unterschiedlichster Form unseren Liebespartnern unsere Enttäuschung darüber zu, daß er oder das Leben überhaupt oft nicht so ist, wie wir es uns gerade wünschen.

Und dann wundern wir uns darüber, wie das Wunder der anfänglichen Liebe immer schemenhafter wird und wir in der Routine des Beziehungsalltags untergehen.

Warum sollen Liebespartner eigentlich nicht lernen können, mit ihrer Bedürftigkeit oder den Zwängen ihrer Biographie so umzugehen, daß die Würde und Freiheit des anderen ehrfurchtsvoll geachtet wird, statt sich gegenseitig manipulativ zu Werkzeugen der jeweiligen Lebensbewältigungsstrategien zu degradieren?

Warum zum Beispiel sollen sie nicht lernen können, ihren Partnern wirklich die Freiheit zu überlassen, wie er damit umgeht, wenn sie ihm ihre sexuelle oder emotionale Bedürftigkeit antragen?

Warum sollen sie nicht lernen können, daß der Partner wirklich nicht dazu auf der Welt ist, um des anderen Ängste zu stillen und dessen Bedürfnisse zu befriedigen, wenn dies nicht das ist, was auch er will oder zu wollen wählt?

Warum sollen sie nicht wach werden können dafür, in welchem Maße sie Gewalt ausüben, wenn sie ihrem Partner manipulativ ihre Gefühle, ihre Befindlichkeit und ihr Verhalten vorwerfen und ihn subtil oder grob bestrafen, wenn er nicht «folgt»? Ist das denn wirklich so übermenschlich viel verlangt?

Von Triebtätern, Vergewaltigern, Kinderschändern, Schlägertypen – Menschen, deren asoziale Einstellungen, Gefühle und Impulse oft viel tiefer verankert sind und viel intensiver auf Ausgelebtwerden drängen als bei «Normalen» – erwarten wir, daß sie sich nicht gehenlassen, uns nicht beeinträchtigen mit dem, was sie umtreibt. Wenn sie es dennoch tun, bestrafen wir sie. Oder wir verwahren sie in der Psychiatrie, wenn wir ihnen zugestehen, sie seien als Kranke vermindert zurechnungsfähig ..., und deshalb für ihr Verhalten nicht verantwortlich.

In unseren Liebesbeziehungen, dem Ort, wo unser Lebensglück und unsere Erfüllung am intimsten aufgehoben sind, verhalten wir uns oft wie Triebtäter, die sich zwanghaft ausleben müssen. Jedes Mal, wenn wir unserem Partner in irgendeiner Weise die Verantwortung für unsere Bewertung einer Situation, für unser Empfinden und unser Verhalten zuschieben, erklären wir uns selbst für vermindert zurechnungsfähig.

Ein Beispiel:

Wenn ich sage (oder durch meine Körpersprache mitteile): «*Weil* Du nicht mit mir schläfst, bin ich ärgerlich, deprimiert, unmännlich, leistungsunfähig...», drücke ich damit im Klartext aus: «Nicht ich bin verantwortlich für meinen Ärger etc., sondern du und deine Weigerung, mir das zu geben, was ich verlange.» Wir schieben *unsere* Verantwortung dem *anderen* zu und machen uns so zu Opfern.

Schöne Aussichten: Liebesbeziehungen zwischen eingeschränkt zurechnungsfähigen Liebespartnern, Gesellschaften mit beschränkter Haftung, in denen letztlich niemand wirklich verantwortlich ist für Glück und Unglück!

Um hier etwas zu ändern, braucht es die offene Zieldeklaration, daß es für beide Partner prinzipiell darum geht, bedingungslose Verantwortung zu übernehmen und zu lernen, diesen abstrakten und einschüchternden Begriff zunehmend mit Leben zu füllen.

Etwas, was diesem Unterfangen oft im Wege steht, es schwieriger macht als notwendig, ist folgendes: Wir haben nur unzulänglich gelernt, zwischen *uns* und *unserem Verhalten* zu unterscheiden.

Ich brauche nie mich, den Menschen, der ich bin, zu ändern. Das geht auch gar nicht. Ich werde immer *ich* bleiben, nie ein anderer sein. Jeder Versuch, das doch zu tun, führt zum Gegenteil. Ich muß nur lernen, die *Verantwortung für mein Verhalten* zu übernehmen, und es, wenn notwendig, ändern. *Ich* bin immer gut. Die *Rollen*, die ich spiele, sind oft Teil einer Wirklichkeit, die ich nicht bejahe und die mit negativer Bewertung versehen ist.

Systemisches Vorgehen beruht auf diesem Ansatz: Nicht

Menschen müssen sich ändern, sondern nur Rollen. Menschen können gecoacht werden, eine andere Rolle zu spielen. Gefühle sind Bestandteile von Rollen. In einer Liebesbeziehung können die Rollen der Partner erst dann mit einiger Verläßlichkeit und einem nicht unnötig hohen Energieaufwand verändert werden, wenn ein gemeinsames Beziehungsziel existiert und ein klarer wechselseitiger Auftrag erteilt worden ist, sich immer wieder daran zu erinnern.

Die verbindliche Deklaration des Ziels ist etwas eminent Wichtiges, mehr als nur naiver Kinderglauben an die Magie der Worte. Sie ist so etwas wie der Polarstern einer Beziehung, man kann sich immer wieder daran orientieren, wenn man sich verloren hat und im Nebel reaktiver und biographischer Verstrikkung herumirrt.

Wenn nun in einer Beziehung die Partner waches Erwachsenenverhalten – Freiheit, Selbstverantwortung, Selbstliebe – zu ihrem Ziel erklärt haben, dann geht es darum, dies einzuüben.

Haben Menschen miteinander lange Zeit selbstvergessen ein Spiel gespielt, haben sie sich in der Überzeugung verloren, so und nicht anders sei es halt, geht das Erlernen eines neuen Stücks verständlicherweise nicht über Nacht und auch nicht ohne Rückfälle in alte Muster, selbst bei hochmotivierten Menschen. Die Entwicklung wird eine wellenförmige Bewegung zwischen Absturz und Wachstum sein.

Wechselseitiges Coaching oder Coaching durch Personen außerhalb der Beziehung (ein Unterstützungsnetzwerk) ist deshalb hilfreich, weil wir Menschen dazu neigen, immer wieder zu vergessen, was wir als wichtig deklariert haben, und in den Absturzphasen der Sog des Altvertrauten oft hypnotische Stärke gewinnt.

Die ersten, die diesen Ansatz ausprobiert haben und bei denen sich seine Wirksamkeit erwiesen hat, waren die Anonymen Alkoholiker im Rahmen ihres Zwölf-Schritte-Programms.

Dieses Programm wurde inzwischen erfolgreich übertragen

auf viele andere Gebiete, in denen Menschen in Anerkennung ihres realen Menschseins sich daran machten, aus einem Zustand verminderter Zurechnungsfähigkeit in Selbstliebe, Freiheit und Verantwortung hineinzuwachsen, persönliche Utopien zu verwirklichen.

«Lovers Anonymous» wäre vielleicht gar nicht so schlecht.

Gefühle und Spontaneität

Gefühle sind reflexhafte, psychosomatische Reaktionen, die durch bestimmte Situationen ausgelöst werden. Einen direkten Einfluß auf unsere Gefühle haben wir nicht, aber drei Möglichkeiten, mit ihnen umzugehen. Die ersten zwei sind vertraut, die dritte eigentlich banal, de facto aber etwas exotisch.

Erste Möglichkeit:
Da Gefühle etwas Verdächtiges, Gefährliches, ungehörig Intimes sind, muß man sie unterdrücken, verdrängen, vergraben und sich, so gut man kann, gegen ihr Hervorbrechen sichern. Man hat sie unter Kontrolle – außer in den «*schwachen* Stunden». Die haben allerdings oft mehr als unangenehme Folgen für die Beteiligten.

Diese Option war bis in die Generation unserer Eltern die kulturell vorherrschende, vor allem bei Männern.

Zweite Möglichkeit:
Da Gefühle etwas Großartiges, quasi Heiliges sind, müssen sie gelebt werden. Je mehr und je uneingeschränkter man sie auslebt, desto gesünder ist man. Die Welt wird daran genesen, wenn wir alle immer nur unsere *wahren* Gefühle ausdrücken, in jeder Situation, überall, ohne Rücksicht auf Verluste.

Das war die Lieblingsoption der späten sechziger und der siebziger Jahre.

Dritte Möglichkeit:
Gefühle sind, was sie sind, eben Gefühle. Nicht weniger und auch nicht mehr. Manche fühlen sich angenehm an, manche wirklich sehr unangenehm. Als Erwachsener habe ich die Mög-

lichkeit, allen Gefühlen in mir zuerst einmal Raum zu geben, um dann, in meiner Verantwortung als «Täter», zu wählen, ob und in welcher Form ich sie nun «auslebe» oder nicht. Durch mein Handeln gebe ich meinen Gefühlen meine persönliche Bedeutung.

Das ist *erwachsene Spontaneität*. Diese unterscheidet sich wesensmäßig von dem, was normalerweise Spontaneität genannt wird: ein Hampelmann zu sein, mit dem jeder äußere Reiz oder innere Impuls macht, was er will – allenfalls mit dem Gedanken «*Das* ist Freiheit».

Gib doch einfach meinen Gefühlen Raum

Ein befreundetes Paar, beide anfang Vierzig, ist seit Mitte der 80er Jahre zusammen. Sie hatten einige Jahre des üblichen, sich mit der Zeit einstellenden, niederschwelligen Beziehungsknieses hinter sich. Beide fühlten sich, ohne es richtig dingfest machen zu können, um das betrogen, womit sie ihre Beziehung angetreten hatten.

Es war das altbekannte Schuldsuchen bei sich selbst, dem anderen, der Welt dafür, daß sich das Wunder ihrer Liebesbeziehung in gemütliches, normales Elend gewandelt hatte – ein Teufelskreis von offenen oder versteckten Vorwürfen, reaktiven Entkräftigungen und Gegenvorwürfen und resignativ geäußerten Wünschen.

Dennoch, beide mochten sich sehr, kannten einander aus geteilter Erfahrung, achteten den anderen in den Möglichkeiten und Grenzen seiner Menschlichkeit und verfügten über eine große Bereitschaft zum Wandel und zur Offenheit.

Sie begannen zu experimentieren und sich ihre Glaubenssätze anzusehen, die vor allem dann auftauchten, wenn sie ihnen zuwiderhandelten. Ihre *individuellen Glaubenssätze:* wie die Welt ist, was Beziehungen sind, was gut und was nicht gut ist, was verletzen muß und was beglücken kann etc., und auch die sie beherrschenden *gesellschaftlichen Glaubenssätze* in ihrer ganzen Widersprüchlichkeit.

Dazu gehörte auch die Auseinandersetzung mit Eifersucht. Es war die Frau, von der das Öffnen ihrer Beziehung für andere Liebespartner ausgegangen war. Als ihr Mann sich jedoch heftig in eine ihrer Freundinnen verliebte, erlebte sie sich Gefühlen ausgeliefert, die wie naturgegeben in ihr auftauchten und nicht zu ihrem selbstentworfenen Experiment zu passen schienen.

Sie war eifersüchtig, gedemütigt, verletzt, voll Wut. Natürlich war in ihr auch die andere noch da, die um die Bedingtheit der Gefühle wußte. Aber diese waren so stark, daß sie ihrem Mann wütend und lautstark vorwarf, was er ihr da antue.

Der ertappte 6jährige Junge in ihm hatte natürlich weit ausgefahrene Antennen für diesen Vorwurf seiner Frau.

Die Macht seines inneren Erwachsenen beschränkte sich darauf, hilflos zuzusehen, wie das Ganze eine destruktive Eigendynamik entwickelte.

Nicht mehr die beiden Erwachsenen, die sich bewußt aufgrund ihrer langjährigen gemeinsamen Eheerfahrung auf ein Experiment in Liebe eingelassen hatten, kommunizierten miteinander, sondern ihre beiden verängstigten, verletzten, zornigen, schuldigen inneren Kinder.

Je mehr *sie* ihre lästigen Gefühle loswerden wollte, desto mehr hinderte *er* sie reagierend daran – mit Erklärungen, Entschuldigungen, logischen Argumenten ... Das Gefühl ausweglosen Aneinandervorbeiredens, das ja einen Gutteil des Alltags in den meisten Langzeitbeziehungen ausmacht, breitete sich zwischen ihnen aus. Beide verloren sich zusehends in Ohnmacht, Bitterkeit und Scham.

Einige Tage danach saß ich mit dem Mann an einem schönen Sommerabend in einer Gartenwirtschaft, und er erzählte mir davon. Gemeinsam ließen wir Erinnerungen auftauchen daran, wie wir von Kindesbeinen auf gelernt haben zu reagieren, wenn von einem uns wichtigen Menschen der Vorwurf kommt, er würde unseretwegen leiden. Wir haben verlernt, einem anderen einfach zuzuhören und dann in liebevoller Bezogenheit *unsere* Antwort darauf zu geben.

Wir sind von früh trainiert, solche Situationen im Kontext unserer Verantwortung für das Wohlbefinden des Gegenübers zu hören. Entweder ich tue das, was er direkt oder indirekt von mir fordert, unterwerfe mich dem Diktat seiner Befindlichkeit, oder aber ich schütze mich von vornherein, noch bevor ich seine Aussage überhaupt an mich rangelassen habe, höre nicht wirklich zu und lasse ihn ins Leere laufen.

Als wir in unserem Gedankenaustausch soweit waren, erinnerte er sich daran, daß seine Frau ihm ganz am Anfang, bevor das Gespräch eskaliert war, gesagt hatte: *«Höre mir einfach zu!»*

Er aber konnte nicht einfach seine Ohren und sein Herz aufmachen und dann in Freiheit und Bezogenheit antworten, sondern war gefangen in dem Kontext, in dem

HÖREN = GEHORCHEN ist.

Oft braucht's wirklich nicht mehr als eine Dosis ruhigen Selbstbewußtseins und Vertrauen, um dem Ausdruck der Gefühle des anderen zuerst einmal Raum zu geben.

Wenn das sein darf, löst sich vieles auf. Der Rest kann von den Liebespartnern angesehen und beantwortet werden, auf ganz andere Weise als im Kontext «hören = gehorchen».

Nackte Ehrlichkeit

Was es braucht, um eine Liebesbeziehung in Freiheit, Würde Vertrauen, Ekstase, Frieden zu leben, ist die Bereitschaft zum Risiko rückhaltloser Ehrlichkeit sich selbst und dem/den Partner(n) gegenüber, getragen von rückhaltlosem, liebevollem Mitgefühl. Es braucht rückhaltlose Ehrlichkeit über Gedanken, Impulse, Motive, Visionen, Gefühle, Werturteile, Wünsche etc.

Das heißt nun wiederum nicht, daß man, um nicht unehrlich zu sein, dem Gegenüber in jedem Moment *alles* mitteilen *muß*. Ehrlichkeit hat nicht so sehr etwas mit der Menge und der Brisanz mitgeteilter Inhalte zu tun.

Es ist ein Seinszustand, dessen zunehmende Wahrnehmung und Umsetzen in die gelebte Realität man trainieren kann. Nur wenn wir füreinander ganz nackt sind, können wir uns echt begegnen, von Angesicht zu Angesicht, von Person zu Person, von Wunder-in-immer-wieder-neuen-Formen zu Wunder-in-immer-wieder-neuen-Formen.

Im gängigen Kontext – in dem Liebespartner potentielle Gegner sind, die immer ein bißchen auf der Hut sein müssen voreinander – muß dies als mutwilliges Unterfangen erscheinen, dessen schlimmes Ende schon feststeht, bevor es überhaupt angefangen hat.

Dagegen ist im Kontext des bedingungslosen Vertrauens, daß Friede, Lebensfähigkeit, Liebe bei mir, beim anderen das letzte Wort haben, die rückhaltlose Ehrlichkeit Grundvoraussetzung und gleichzeitig banalste Selbstverständlichkeit. Alles, was ist, darf in der Welt des Mitgeteilten auftauchen. Die Liebespartner können dann frei wählen, welche Spielmöglichkeiten sie aus diesem Baukasten gemeinsam zusammenstellen.

PS: Ich kann lernen, darauf zu vertrauen, daß ich Menschen als Liebespartner wähle, die genauso fähig und bereit sind zu rückhaltloser, liebender Ehrlichkeit wie ich.

Zeit

*E*s besteht *kein* Zusammenhang zwischen dem Maß an Erfüllung, Freude und Lebendigkeit der Beziehung und der *Menge* der Zeit, die Liebespartner körperlich miteinander verbringen.

Die Entwicklung der meisten Beziehungen folgt dem Muster: Man lernt sich kennen, gefällt sich, verbringt Zeit miteinander. Das wird als so schön erlebt, daß man *mehr* davon haben möchte. Irgendwann ist das Miteinander-Zeit-Verbringen selbstverständlich geworden und wird zu einem Besitzstand, institutionalisiert, mit einklagbaren Rechten und Pflichten in bezug auf das Zeitlich-einander-zur-Verfügung-Stehen.

Wenn das Zeit-miteinander-verbringen-Wollen zur Selbstverständlichkeit geronnen ist, an die man sich gewöhnt hat und die man absichert, geschieht in der Beziehung eine Veränderung:

Der Begeisterungsgrad schwindet. Zuerst kaum registrierte Unzufriedenheit taucht auf, die sich im Laufe der Zeit in unterschiedlichsten Formen entfaltet – vom Dauer-Nörgeln über ein Nebeneinanderher-Leben eben bis zum Rückzug in die Psychosomatik.

Beide fühlen sich um etwas betrogen.

Ein solches Beziehungssystem wird oft durch ein illusionäres Versprechen aufrechterhalten:

Wenn man nur nicht nachlasse in der miteinander verbrachten Zeit, diese sogar noch ausdehne, würden irgendwann Erfüllung und Begeisterung wieder frisch aufblühen wie die Veilchen im Frühjahr.

In solchen Systemen wachen meist beide Partner eifersüchtig darüber, daß das ihnen zustehende Quantum an Zeit vom anderen auch wirklich geliefert wird. Wenn schon keine echte Erfüllung, dann zumindest Zeit. Zeit wird in solchen Beziehungen zu etwas Dinghaftem, einer Ware, die in der zum Arrangement geronnenen Beziehung als Ersatzwährung gehandelt wird.

Ein Ausweg besteht in der nüchternen Betrachtung des Ganzen als eine Naturgesetzlichkeit. Dann kann sich die Beziehung nach dem Abklingen der Gnade der Verliebtheit wandeln in eine offen deklarierte Gemeinschaft zweier Menschen, die sich achten, und ihr auf schöne Erinnerungen gegründetes Vertrauen kann sich umsetzen in eine Beziehungsstruktur, die jeden der Partner dabei unterstützt, die eigene Lebensvision konsequent zu leben. Das ist nicht mehr unbedingt korreliert mit der wechselseitig zur Verfügung gestellten Zeit.

Bei dieser Wandlung tritt die Möglichkeit *gemeinsam* gelebter Ekstase und Erfüllung zurück zugunsten einer kontinuierlichen, strukturell abgesicherten wechselseitigen Förderung.

Leider funktioniert dieses Modell nur in Ausnahmefällen, weil es meist nicht gelingt, die Sehnsucht nach gemeinsamer Ekstase und Erfüllung wirklich zu transformieren und sie auf andere Weise zu leben.

Auch weil es meist nicht gelingt, das Thema «Zeit als Menge» gemeinsam ehrlich anzuschauen und zu verabschieden.

Eine *zweite,* exotischere Variante könnte man «Zeit-jenseits-der-Zeit» nennen. In ihr hören Zeit und Ewigkeit auf, Unterschiedliches zu sein.

Jeder Moment, jede Facette, jeder Aspekt trägt das ganze Leben in sich wie in einem Hologramm, ist in sich vollkommen, muß keine Vergangenheit erlösen und keine Zukunft beschwören. Die Liebes-Beziehung darf jederzeit sterben und ist doch selbstverständlich Teil einer größeren Kontinuität.

Voraussetzung dieses Zeitentwurfes scheint die grundsätzliche Bereitschaft der Liebenden zu sein, das, was vertraut und unverzichtbar geworden ist, in Hingabe an das ewige Jetzt immer von neuem sterben zu lassen.

In einer Liebes-Beziehung heißt das,
jeden Versuch, sie auf Dauer anzulegen, aufzugeben,
jeden Moment in seiner nur ihm gehörenden Würde
und Vollständigkeit zu leben,
jeden nur irgendwie möglichen Ausdruck der Beziehung
als vollkommen anzunehmen.

Solche Beziehungen müssen deshalb nicht notwendigerweise über kurz oder lang zu Ende gehen. Sie leben dann eben in einem Bereich von Freiheit, in dem nichts *sein muß* und deshalb alles *sein kann*.

Das ist ein Beziehungsentwurf, der dem «ewigen Jetzt» entspringt, in ihm lebt und damit selbst Teil des «ewigen Jetzt» ist, das heißt, Zeit existiert nicht mehr in der Dimension von Quantität.

Die ewige Gegenwart in Liebesbeziehungen

*B*ei der Ent-Faltung von Liebesbeziehungen in die Zeit hinein gibt es drei Möglichkeiten.

Die eine: Die heutige Wirklichkeit der Beziehung wird verglichen mit einem idealisierten Anfangszustand. Die Sehnsucht geht dahin, es würde wieder *so wie damals*.

Die zweite: Die heutige Beziehungswirklichkeit wird als Zwischenetappe auf dem Weg zu einem Zustand angesehen, an dem die Beziehung endlich *so ist, wie sie sein sollte*.

Die dritte: Wir betrachten die *Vergangenheit* unserer Beziehung *als eine lebendige Geschichte,* die uns in unterschiedlicher Intensität berührt. Wir wissen, daß wir uns nicht an das erinnern, was geschah, sondern daß wir uns an unsere Erinnerung, die Geschichte über das, was war, erinnern. Wir wissen auch, daß unsere Vergangenheit vergangen ist, können uns deshalb von ihr als etwas, was mit unserem *Jetzt* nichts zu tun hat, lösen und sie nüchtern betrachten.

Aus der nüchternen Betrachtung entsteht Analyse und Evaluation. Das gibt die Möglichkeit, die Vergangenheit als einen riesigen Vorratsraum erlebter Erfahrung, erworbener Fertigkeiten und Werkzeuge zu betrachten. Die stehen uns immer zur Verfügung.

Die Vergangenheit wird zum Sockel, von dem aus wir in die Zukunft springen. Der nächste Schritt ist *nicht* logische Folge des Vorangegangenen, er ist auch nicht final orientiert. Der Sprung erfolgt immer von Gegenwart in Gegenwart.

Die Spielregel dabei ist: «To take what I get and be happy». Die Umstände des Lebens erscheinen dann als Teil der Erzählung, die ich selbst in die Zukunft hineinschreibe. Dann braucht es kein Sehnen nach dem *Damaligen* mehr, und die Zukunft braucht nicht mehr belastet zu werden mit der Unmöglichkeit, die Vergangenheit zu erlösen. Dann ist eine Liebesbeziehung in jedem Augenblick vollständig und vollkommen.

Der Anfang ist keiner
und das Ende ist keins.
Und die, die wir sind,
gehen ein Stück Weg zusammen
durch die Unendlichkeit,
immerjetzt
dürfen Wunder erfahren
im Lieben.

L.

Symbiose:
Die Vermeidung der Angst vor dem Tod

*I*mmer wieder suchen mich Menschen auf, die nicht leben wollen, weil sie irgendwann sterben müssen. Als ob das Leben sich nur lohne, wenn die Lebenszeit unbegrenzt ist. Im Extremfall bringen sich solche Menschen aus Angst vor dem Tod ums Leben.

Exotisch? Absurd?

So sehr auch wieder nicht.

In ganz normalen Liebesbeziehungen geschieht oft etwas ganz Ähnliches: Entweder beenden Menschen bewußt oder in unbewußter Inszenierung vorzeitig ihre Liebesbeziehungen, um der Möglichkeit, verlassen zu werden, zuvorzukommen. Oder sie lassen sich gar nicht erst ganz in eine Liebe hineinfallen, weil sie vor dem Schmerz Angst haben, wenn die Beziehung, sei es zum Beispiel durch den Tod des Partners, einmal zu Ende geht. Wenn ich etwas zurückhalte, dann behalte ich wenigstens auch etwas, wenn der andere mich verläßt.

Zugrunde liegt eine Beziehungsdefinition, nach der man im Verlauf einer Liebesbeziehung als einzelnes Wesen zunehmend zu existieren aufhört, nur noch lebens- und glückfähig ist als Teil eines *Wir*. Die Angst vor dem Ende einer Liebesbeziehung wird so zur Angst vor dem Sterben.

Man spricht von einer symbiotischen Beziehung.

In der Wirklichkeit von Liebesbeziehungen, die auf wechselseitigem Besitz begründet sind, ist Symbiose das Normale. Jede Liebesbeziehung, die nicht offen damit lebt, daß sie jederzeit zu Ende gehen kann und darf, ist von ihrer Struktur eine symbiotische Beziehung.

Solange wir unsere Angst vor dem Sterben nicht zu uns nehmen und die Gewißheit des Todes zu einem selbstverständlichen Teil unseres Lebens werden lassen, können wir nicht wirklich lieben.

Was das Ende einer Beziehung oft so schwer macht

Es gibt ein paar Dinge, die dazu beitragen, daß das Leiden am Ende einer Liebesbeziehung (vor allem dann, wenn es von uns nicht freiwillig und bewußt herbeigeführt wurde) länger und intensiver ist, als das von der Natur der Sache her eigentlich notwendig wäre:

Narzißtische Kränkung

Wir tun uns schwer damit zu akzeptieren, daß die Liebe nach ihrer Lust und Laune, nur ihren eigenen Gesetzen folgend, kommt, verweilt und wieder geht. Deshalb müssen wir einen Grund dafür finden. Wenn wir lange genug suchen, enden wir unweigerlich – meist über das Zwischenstadium von Vorwürfen an den Partner – in der Erfahrung des abhängigen kleinen Kindes: «Ich werde verlassen, weil an mir ein Makel ist.» Banaler gesagt: ein Teil dessen, was eine Trennung so unangenehm macht, ist verletzte Eitelkeit und die Konfrontation mit dem brüchigen eigenen Selbstwertgefühl.

Bequemlichkeit

Wir haben uns an ein «Spiel» gewöhnt und unser Leben um die Beziehung herum aufgebaut. Schließlich möchte man auch einmal zur Ruhe kommen. Und jetzt soll man schon wieder anfangen zu ackern. Außerdem ist nach dem Ende einer exklusiven Liebesbeziehung unsere Fähigkeit, andere lohnende Spiele zu erfinden beziehungsweise mitzuspielen, zuerst einmal etwas eingeschränkt. Hinter der warmen Ofenbank hervorzukommen und irgendwo anders neu ein Feuer zu entzünden ist lästig.

Mangelndes Vertrauen

In Trennungssituationen wird deutlich, wie wenig wir dem Leben vertrauen, daß es alles in sich enthält, was wir zu unserem Glück brauchen. Neben dem mangelnden Vertrauen ins Leben steht das mangelnde Vertrauen in uns selbst, in unsere eigene Fähigkeit, mit den Umständen des Lebens tanzen zu können, flexibel zu sein und, um ein banales Beispiel zu verwenden, lernen zu können, mit Kartoffeln satt und zufrieden zu sein, wenn es kein Brot mehr gibt.

Gescheiterte Erlösungshoffnung

In vielen Liebesbeziehungen geht es nicht nur um die Liebesbeziehung als solche, sondern um den Versuch, das Unerlöste aus der Vergangenheit über den Schleichweg einer Liebesbeziehung mit einem anderen erwachsenen Menschen doch noch zu erlösen. Selbst in der schlimmsten Beziehung bleibt, solange sie noch besteht, die Hoffnung, daß das Wirklichkeit werden könnte, wonach wir uns immer gesehnt haben. Das Ende bedeutet die schmerzhafte Konfrontation mit dem Nichtfunktionieren dieser Strategie.

Konfrontation mit der eigenen Endlichkeit

Theoretisch wissen wir alle, daß wir endlich sind und irgendeinmal sterben werden. Aber das intellektuelle Wissen darum ist eines und unsere emotionale Realität ein anderes. Wir leben so, als ob das Gesetz der Endlichkeit von allem, was existiert, für uns nicht wirklich gälte. Das Ende einer «unsterblichen Liebesgeschichte» erinnert uns in rücksichtsloser Ironie daran, wie sehr wir auf dem Holzweg waren.

Das Versäumte nicht mehr nachholen können

Viele Liebesbeziehungen entwickeln sich nach dem Stadium der ersten Verliebtheit zu einem ungedeckten Wechsel auf die Zukunft. Wir verschieben Dinge oder vertrösten uns in der Erwartung, daß wir sie, wenn schon nicht heute, so doch vielleicht morgen tun können. Abgesehen davon, daß wir das, was wir heute nicht leben, nie und unter keinen Umständen morgen leben können (höchstens etwas, was dem ähnelt), läßt uns das Ende einer Liebesbeziehung oft brutal auf dem riesigen Haufen von Verschobenem sitzen.

Reue

Es gibt immer wieder Dinge, die wir nicht mitgeteilt, Verletzungen, für die wir uns nicht entschuldigt haben, etc., aus Stolz, weil nicht der richtige Moment war, weil wir uns nicht kompetent genug dazu fühlten, weil wir nicht wußten, wie der andere damit umgehen würde, weil wir zu schüchtern waren oder uns schämten, weil ... Und dann stehen wir da und schauen ganz schön dumm aus der Wäsche. Keine Gelegenheit mehr. Nur noch quälende Gedanken, die um sich selbst kreisen.

Unfähigkeit zu trauern

Wir haben verlernt zu trauern. Unsere Kultur bietet uns nicht mehr viel strukturelle Unterstützung. Entweder fallen wir jammernd uns selbst und den Menschen unserer Umgebung auf den Wecker, oder wir beißen die Zähne zusammen und machen alles mit uns selbst ab, während wir nach außen die Starken spielen oder uns in Geschäftigkeit flüchten. Statt einfach mit den Menschen um uns herum Trauer zu teilen und das, was wir als unseren *persönlichen* Verlust und Schmerz ansehen, aus uns zu entlassen, wehren wir Trauer ab.

Identitätsverlust

Wie jede Beziehung vermitteln uns auch unsere Liebesbeziehungen eine Erfahrung dessen, wer wir sind, eine Erfahrung unserer Identität. Ohne eine Antwort auf die Frage: «Wer bin ich?» sind wir verunsichert und leiden beim Verlust eines Partners, wenn wir nicht gelernt haben, uns diese Antwort selbst zu geben.

Teil 2:

Von Utopien und Visionen

Was die Welt braucht,
sind mehr Verrückte.
Schaut, wohin uns
die Vernünftigen
gebracht haben.

G. B. SHAW

Aufwachen

*I*ch bin jetzt 52, vor Liebe – bedingungsloser Liebe zu einer
Frau, zu mir selbst – habe ich lange Angst gehabt,
  habe mich nie wirklich lieben lassen,
  habe nie wirklich geliebt,
  habe mir Partner und Partnerinnen mit entsprechenden «Un-
zulänglichkeiten» gesucht, um mein Bild immer wieder bestätigt
zu bekommen.

Das «Aufwachen» in Liebe hinein hat eine lange Geschichte.

Ein Frühzeichen bestand im Kampf *gegen:* AKWs, entfrem-
dete Lebensbedingungen, Luftverschmutzung, Muff und Mief …
Die positive Vision war ein schöner Traum von diffusen All-
gemeinplätzen, aber um sie ging es, zumindest in der Realität
meines Verhaltens, nicht.

Dem äußeren Feindbild entsprach ein inneres: Ich führte
einen Kampf gegen Persönlichkeitsanteile, die es umzuerziehen
oder auszumerzen galt.

Ich wähnte mich im Besitz der Wahrheit und war dementsprechend unerträglich. Diskussionen durften nicht zu Ende gehen, bevor nicht bei allen die Gewißheit hergestellt war, daß
letztlich alles schrecklich und aussichtslos war. Wirklich zu öffnen wagte ich mich nicht. Ich denke, ich hätte nicht einmal ge-
wußt, um was es dabei überhaupt geht.

Diese Phase ging zu Ende, als ich mich von Lady Jane und
Lucy, der diamantengeschmückten Himmelsbraut, verführen
ließ und mit ihnen als Reisebegleiterinnen bisher unbekannte
Dimensionen kennenlernte.

Nun begann der Kampf *für:* das Leben, den Frieden, saubere
Luft, die Erotisierung des Alltags, das kosmische Bewußtsein,

eine offene, erfüllte Sexualität und die Befreiung von Gummibärchen ...

Ich erlebte rauschhaft diesen neuen Weg. Wähnte mich wiederum im Besitz der Wahrheit und kämpfte dafür. Vergaß darüber die Wahrheit des Graffiti-Spruches *«Fighting for peace is like fucking for virginity»*.

Mit der Zeit wurde ich müde und resignierte, ohne es zu merken. Es ging mir nicht schlecht, ich hatte mich eingerichtet im gemütlichen Elend einer alternativen Idylle.

Langsam (aber sicher) sickerte jedoch durch den unheilbaren Optimismus die Ahnung, daß irgend etwas nicht stimmte; daß ich nicht wirklich *mein* Leben lebte. Durch den Nebel wurden die Umrisse von neuen Themen und Gedanken sichtbar.

Ich begann zu sehen, wie wir uns gegenseitig trainieren, nicht mehr zu spüren, daß das Leben Geheimnis und Wunder ist, wie wir mit unseren Begründungen und Sachzwängen gemeinsam am Teppich «So-ist-es-halt» weben.

Es dämmerte mir, daß ich mich an den Menschen, die ich vorgebe zu lieben, zum Beispiel an meinen Kindern, schuldig mache, wenn ich nicht damit aufhöre. Aber ich bin ein bequemer Mensch, der sich im Traum nach dem Schlaraffenland sehnt. So schlief ich immer wieder ein. Es weckte mich ja auch niemand wirklich auf, und alle anderen machten es genauso, selbst wenn sie sich vor lauter Engagement ums Leben brachten wie Petra Kelly und Gerd Bastian. Niemand, den ich kannte, machte ernst damit zu sagen:

«Ich fange an
am Angelpunkt der Welt:
Ich liebe mich!»

Ich kannte niemand, der für sich aufstand und sagte: Ich handle so, weil ich so handle. Punkt! Alle verschanzten sich hinter irgendwelchen moralischen, ethischen, psychologischen, emotionalen, religiösen, spirituellen, politischen, ökologischen Wahrheiten, Weisheiten und Gesetzen, äußeren oder intrapsychischen. Meist, ohne zu registrieren, daß sie dennoch auf nichts anderem standen als auf dem Grund und Boden ihrer momentanen persönlichen Wahrheit.

So berauschte ich mich lange an kühnen, utopischen Lebensphilosophien. Der Moment, wo sie gelebte Wirklichkeit sein würden, lag in weiter Ferne, ich bewegte mich höchstens auf der Ebene der romantischen Suche.

Was ich wirklich suchte, war die Erleuchtung bei gleichzeitigem Pensionsanspruch.

Im Grunde war ich der ängstliche, feige, selbstmitleidige Junge geblieben, der über die Jahre immer erfolgreichere Tricks gelernt hatte, um das nicht spüren zu müssen. Wenn ich bei anderen Menschen hinschaue, sieht das für mich stark so aus, als ob's denen genauso ginge. Alle geben wir uns große Mühe, erwachsen zu spielen und vor uns selbst und den anderen zu verbergen, daß wir es nicht wirklich sind.

Ich selbst erlebte mich oft wie ein als Erwachsener verkleidetes Kind, welchem man in einem Schnellkurs die wichtigsten Verhaltensweisen und Gefühle eingetrichtert hatte.

Wirklichkeit ist ja letztlich immer subjektive Wirklichkeit. Aber von Kindesbeinen an durften wir das nicht ernst nehmen, es wäre ungehörig und lebensgefährlich gewesen.

Gott sei Dank aber schaffte sich mein um *seine* Wahrheit und Wahrnehmung gebrachtes und damit in seiner Würde verletztes «inneres Kind» immer wieder Platz. Manchmal, wenn die Umstände es erlaubten, verspielt, zärtlich, neugierig, staunend. Aber öfter, und mit schwerwiegenderen Folgen, war es das gekränkte Kind, das verletzte, verbiesterte, ungeliebte, das sich und anderen das Leben schwermacht. Vor allem in Situationen, in denen eigentlich Nähe, Liebe, Geborgenheit, gegenseitige Hilfe auf dem Programm standen.

Ich konnte um mich herum auch niemanden erkennen, der oder die da wirklich anders war; oder, wenn sie anders waren, dann nicht in für mich erkennbarer Form.

Kurzum, ich hatte Angst vor Liebe, weil ich Angst vor den Folgen hatte, wenn ich wirklich das Wagnis einginge zu lieben.

Als Psychotherapeut bin ich geschult, in der Patient-Therapeuten-Beziehung in Begriffen von Übertragung und Gegenübertragung zu denken, zu sehen, daß zum Beispiel der Patient mich nur sehr begrenzt als den erlebt, der ich in meiner Realität bin. Vielmehr sieht er in mir seine irgendwie verkleidete Mutter, seinen Vater oder andere frühere Bezugspersonen und interagiert in seiner inneren Wirklichkeit mit *diesen*, ohne sich dessen jedoch bewußt zu sein. Er vermischt subjektive biographische Wirklichkeit und heutige *Wirklichkeit*.

Ziel einer Therapie ist es, gewahr zu werden, daß die Welt für ihn eben nicht die *heutige* Welt ist, sondern die Welt seiner Kindheit mit den darin bestehenden Gesetzen, Selbstverständlichkeiten und Wertmaßstäben, über die sich das Potemkinsche Dorf der heutigen Wirklichkeit gestülpt hat. Die in dieser Täuschung gebundene Energie soll in der therapeutischen Ent-Täuschung für einen erwachsenen Umgang mit der gegenwärtigen Wirklichkeit freigesetzt werden.

Was ich mir lange nicht eingestand: Der einzige diesbezügliche Unterschied zwischen einer therapeutischen und einer Liebesbeziehung besteht darin, daß im Rahmen einer therapeutischen Beziehung die Täuschung zum Thema gemacht wird und damit Ausgangspunkt für eine Veränderung werden kann, während wir in der Alltagsrealität so tun, als meinten wir *wirklich* unser jetziges Gegenüber mit dem, was wir so anstellen, als seien wir davon überzeugt, daß er oder sie *wirklich* mich meint mit dem, was er mit mir anstellt.

Das Spezifische an der therapeutischen Situation ist, daß *einer* der Beziehungspartner vertraglich die Verantwortung hat, den andern dabei zu unterstützen, sich selbst zu ent-täuschen.

Es wäre toll, wenn wir in unseren Liebesbeziehungen uns gegenseitig lustvoll und ehrfürchtig ent-täuschten, indem wir liebend und rücksichtslos die sind, die wir sind.

Dann bräuchten wir vielleicht nicht mehr immer die alten Schmierenstücke in jeweils der neuesten Mode entsprechender Inszenierung und Kostümierungen aufzuführen.

Dann bräuchten wir uns auch nicht immer wieder gegenseitig zu einem Verhalten zu verführen, das uns unsere Grundannahmen bestätigt; auch wenn wir uns verzweifelt wünschen, es wäre anders.

Dann könnten wir gemeinsam im geheimnisvollen Abenteuer der Gegenwart leben und Liebe immer von neuem als ein Wunder feiern.

Nun ja, auch wenn ich immer wieder einschlafe, ich bin am Aufwachen – und das ist ein großartiges, wildes, friedliches Gewahrsein, Leben von einer Intensität, die es mir gleichgültig werden läßt, ob ich nun anecke, verstanden werde, lächerlich erscheine oder das Gegenstück, großartig.

Ich beginne nicht mehr zu kämpfen *gegen*, auch nicht mehr zu kämpfen *für*, sondern zu *sein* und bewirkend im Leben mitzuspielen, auf die mir gegenwärtig angemessenste und deshalb wirksamste Art und Weise. Ich fange an, in Bedingungslosigkeit hinein aufzuwachen und auf die trügerische Sicherheit zu verzichten, daß mich eine spezifische Handlung einem angestrebten Ziel mit mehr als statistischer Wahrscheinlichkeit nahebringt.

Es ist Allgemeinplatz, daß, wenn nicht ein *Wunder* geschieht (und unter Wunder verstehe ich etwas, das nicht mit bekannten Selbstverständlichkeiten zu erklären, zu definieren oder hervorzubringen ist), der Mensch, die Gattung, du und ich, einmal mit großer Wahrscheinlichkeit zu den Fossilien der Schöpfung gehören werden.

Viele machen daraus: «Ich kann eh nichts ändern, also essen wir, trinken wir und fliegen wir auf die Malediven, denn morgen sind die dem steigenden Meeresspiegel zum Opfer gefallen und wir tot.» Andere kämpfen und versuchen zu retten, zu verbessern, abzuschaffen, neu zu schaffen, angstgetrieben und deshalb erfolglos.

Bis jetzt existiert ein Diskurs darüber nur in Ansätzen (und wenn, dann meist verschämt oder trotzig), daß wir doch bedingungslos anfangen könnten, Wunder zu vollbringen. Aber eben da, wo wir wirklich anfangen *können* (anfangen, wohlgemerkt!): bei uns selbst, denn

Ich bin ein Wunder.

Statt Menschen wie Erich Fromm zu bewundern, die davon *schreiben*, könnten wir doch so kühn werden, ihn selbst zu leben – den Schritt vom *Haben* zum *Sein*.

Und, es gibt ein wunderbares Trainingsfeld, auf dem wir damit anfangen können: unsere Liebesbeziehungen.

Wo sonst (außer bei Geld) sind wir so gefangen in Besitzen, Festhalten, Bestimmen, Fordern … und, wenn wir nicht bekommen, was wir wollen, Gefühlen von Schmerz, Verzweiflung, Wut, Eifersucht und Haß so blind ausgeliefert? Doch bricht sich in Liebesbeziehungen auch immer wieder die Sehnsucht Bahn und läßt die Möglichkeit von Wundern aufleuchten. – Wenn's um das Experiment «vom Haben zum Sein» gehen soll, sind Liebesbeziehungen also ein guter Ort, um anzufangen.

Es gibt für die meisten wirklich keinen sinnlich besser erfahrbaren Ort als Liebesbeziehungen, in denen ihre Vision der Welt geronnen ist in die Tradition eines Strohfeuers kraftvoller Lebensfreude – das dann übergeht in den immer einengenderen Weg des Wie-es-halt-Ist.

Und Atemberaubendes scheint zu geschehen:

Überall fangen Menschen an zu experimentieren, wagen zu leben, wie es ihnen gemäß ist, wagen es – nicht nur für ein kurzes Strohfeuer –, glücklich zu sein in Schamlosigkeit, Selbstliebe, Freiheit, Würde und Verantwortung. Vielleicht kann die letzte und grundlegendste Form von Sklaverei sich ihrem Ende zuneigen, und Menschen können aufhören, sich gegenseitig als Besitztum zu betrachten.

Menschen wachen in die Kühnheit hinein auf, in ihren Liebesbeziehungen als wirkliche *Personen* miteinander zu *sein*. Es scheint, als erfülle sich der Prozeß der Individualisierung, indem Menschen anfangen, aus dem Wissen heraus zu leben, daß sie letztlich allein sind und dennoch immer geborgen.

Immer mehr Menschen beginnen zu begreifen, daß als Erwachsener mich niemand lieben kann, wenn ich es nicht selber tue, sie erschaffen sich selbst als Liebende, statt nörgelnd, aggressiv, manipulierend, unterwürfig darauf zu bestehen, diese Liebe vom Geliebten einzufordern.

Es scheint, als geschähe Atemberaubendes und die Saat von jahrtausendealten Träumen, Sehnsüchten, Wegen, Irrwegen, Umwegen und Abwegen könnte endlich aufgehen. Die Vorarbeit beginnt sich auszuzahlen:

LIEBE BRICHT SICH BAHN.

Wenn wir nun in Liebesbeziehungen erwachsen werden können, warum dann eigentlich nicht auch in anderen Bereichen, in denen sich bisher menschliches Leben immer wieder als eine Art Vor-Hölle zeigte?

Unterschiedliche Weltsichten bewirken unterschiedliche Welten

> *Der Wirklichkeit*
> *ist es gleichgültig, ob Du*
> *an sie glaubst*
> *oder nicht.*
>
> Unbekannt

Nach dem konstruktivistischen Denkansatz können wir *die* Wirklichkeit nicht erkennen, immer nur *unser Bild* davon. *Unsere* Wirklichkeit ist ein von uns selbst erschaffenes Produkt. Sie ist nie und unter keinen Umständen wahrer, besser als eine andere, von irgendeiner anderen Person zu irgendeiner anderen Zeit für wahr erfahrene Wirklichkeit. Auch nicht schlechter, minderwertiger, unwahrer.

Statt nach *der* Wahrheit zu suchen, fragen die systemisch-konstruktivistischen therapeutischen Schulen: «Welche Beziehungswelt wird durch eine bestimmte, persönliche/gesellschaftliche Wirklichkeitsdefinition und Wahrheitsevidenz erschaffen beziehungsweise bestärkt?» Und dann: «Welche Wirklichkeit möchte ich in der Zukunft vorfinden?»

Dazu gehören zwei Aspekte:

– Zukunft ist eben deshalb Zukunft, weil ich sie zwar entsprechend der statistischen Wahrscheinlichkeit voraussagen kann, dennoch ist sie etwas völlig anderes als jede nur mögliche Voraussagbarkeit. Andernfalls bestünde Leben nur noch aus *einer* zeitlichen Dimension: Der sich selbst immer wiederfindenden Vergangenheit in unterschiedlichster Verkleidung. Wenn Zukunft voraussagbar wäre, wäre sie keine mehr.

– Wie kann *ich*, der ich doch Produkt meiner Vergangenheit bin, gefangen in den Zwängen meiner unfrei übernommenen Weltsicht, den Schritt zur Freiheit machen? Das scheint logisch unmöglich, ähnlich wie ein Zen-Koân.

Beide Male gibt es nicht *die* Antwort, aber unendlich viele Antworten, die Menschen mit ihrem Leben geben.

Noch einmal: Es geht nicht um Wahrheit und Wirklichkeit als etwas Apriorisches. Es geht um *meinen* Traum der Welt, meine Vision. Ich habe die Freiheit, meine Erfahrung der Welt auf die unterschiedlichsten Interpretationen zu gründen. Jede dieser Interpretationen öffnet auf meinem Weg in die Zukunft bestimmte Weichen, ermöglicht an manchen Punkten Beschleunigung, läßt mich bei anderen stocken, läßt mich die Bedeutung der mir begegnenden Dinge unterschiedlich werten und in unterschiedlichen Sinn- und Funktionszusammenhängen erscheinen.

Ich kann lernen hinzuschauen, was was bewirkt, und damit beim Verfolgen meiner Vision in der Wahl meiner Interpretation eine gewisse Freiheit erlangen. Wenn ich den Kontext meiner Wahrnehmung verändere, dann verändere ich meine Kommunikation mit der Welt.

Ich habe eine *persönliche* Vision. Es ist die Vision einer Welt, in der wir Menschen einen riesigen, über das Quantitative ins Qualitative hinausgehenden evolutionären Schritt gemacht haben. Er bestünde darin, von einer *Opferidentität* zu einer *transformativen Identität* zu gelangen.

Ich bin dem Leben ausweglos ausgeliefert, kann es nicht beherrschen und kann auch nicht verhindern, vom Leben beherrscht zu werden. Als Opfer begegne ich dieser Tatsache mit Passivität oder aber mit – letztlich sinnlosem – Aktionismus, sei er großartig oder mickrig.

Transformationsidentität dahingegen heißt: Ich bin dem Leben zwar ausgeliefert. Wie Sokrates weiß ich, daß ich nichts weiß. Ich lasse mich aber erfassen von dem Wunder des Lebens. Im Rahmen meiner eigenen Vision, die wiederum Teil ist des Netzwerks von Visionen und Gedanken, das man die Menschheit nennt, kann ich Einfluß nehmen auf das Unbeeinflußbare. Eine solche Identität gibt Freiheit, *Zukunft* zu haben, eine Zukunft, die Raum schafft zum Beispiel für die Vision einer Welt, in der für alle mehr als genug von dem vorhanden ist, was wir zur einigermaßen komfortablen Existenzsicherung brauchen. Das gibt einen Frei-Raum, in dem wir unser Leben wie Künstler gestalten können.

Karl Marx behauptete, Sein rufe *zwingend* Bewußtsein hervor und die Geschichte sei ein gesetzmäßig sich entfaltendes Etwas, die Vergangenheit führe unbeirrt zur schon feststehenden Zukunft. Freiheit bestehe nur darin, das eigene Leben in den Dienst dieser Entfaltung zu stellen. Eine wirkliche Freiheit im Entwurf für die Zukunft besteht nicht.

Für die Vision menschlichen Lebens als Ausdruck der «Liebe des Lebens zu sich selbst» braucht es andere Interpretationen: Bewußtsein erschafft immer auch Sein. Bewußtsein kann sich wandeln zur *Vision*. Diese läßt aus der Zukunft, diesem unendlichen Universum von Potentialitäten, eine *bestimmte* Zukunft auftauchen.

Einen Wirklichkeitsentwurf zu erschaffen, der mit der Vision einer transformierten Welt kompatibel ist, heißt nicht, über alles damit Unvereinbare hinwegzuschauen, sich in positives Denken zu flüchten. Ich weiß, daß alles zum Leben gehört, was dazugehört: ein Bild von Matisse, das Konzentrationslager Auschwitz, der Flug auf den Mond, das jeden Frühling sich neu entfaltende Wunder, der erste Blick in die Augen eines Neugeborenen, die Toten in Ruanda …

Ich weiß, daß dies alles dazugehört, Heiterkeit, Liebe und Spielen genauso wie Entsetzen und Bestialität. Ich habe keinen Einfluß darauf, was *ist*. Ich habe jedoch bis zu einem gewissen Grad Einfluß darauf, welche Interpretationen dessen, was ist, aus der unendlichen Vielfalt von Möglichkeiten für mich persönlich wirksam werden. Damit habe ich Einfluß darauf, was *sein wird*.

Ich bin nie Opfer, obwohl ich immer Opfer bin. Ich bin immer auch Täter, sprich Bewirkender und Gestaltender meines Lebens.

Eine solche Grundhaltung läßt ganz andere Möglichkeiten von Liebesbeziehung unter Erwachsenen aufscheinen als die herkömmlichen Entwürfe. Sie eröffnet Möglichkeiten für Liebesbeziehungen jenseits der Bedürftigkeit und des Einander-nötig-Habens. Liebesbeziehungen, in denen Menschen eben so, wie sie in *dem* Moment sind, ihren Platz haben.

Utopie und Transformation

Es geht mir um die Vision von Liebesbeziehungen jenseits wechselseitiger Besitzrechte und einklagbaren Seins. Um Beziehungen, in denen Menschen sich in ihren Versprechen und wechselseitigen Verpflichtungen auf das beschränken, was eingehalten werden kann. Um Liebesbeziehungen ohne das Sicherheitsnetz der gesellschaftlichen Konvention, das zwar die Absturzgefahr mindert, aber auch die Unmittelbarkeit in der Begegnung erschwert, die die Basis von Liebe darstellt.

Diese Vision scheint keine große Chance zu haben, den Sprung aus der Welt der Möglichkeit in die innerweltliche Wirklichkeit zu schaffen. Sie scheint utopisch. All das, was im Laufe der Jahrtausende als *menschliche Natur* definiert wurde, spricht dagegen.

Selbsttranszendenz, Verbundenheit, selbstlose Unterstützung, Selbstliebe … sind nach diesem Maßstab nicht wirklich wirklich – außer in Ausnahmemomenten, und Ausnahmen bestätigen bekanntlich die Regel.

Wirklich wirklich sind: Neid, Mißgunst, Angst, Mißtrauen, Besitz, Kontrolle …

Ganz nüchtern also: Die Vision einer Welt in Liebe hat unter den Bedingungen des real existierenden Menschseins kaum eine Chance. Also braucht's, daß wir über unsere bisherige Definition von Menschsein hinauswachsen, sie transzendieren.

Bisher sind jedoch alle kühnen Entwürfe des neuen Menschen gescheitert. Die vehemente Kritik des Philosophen Karl Popper an allen menschheitsbeglückenden Utopien, allen Plänen, das Paradies auf Erden zu schaffen, das sich dann im Zuge der Verwirklichung in eine Hölle verwandelt, ist zutreffend, weil das gängige Utopieverständnis auf der Prämisse beruht, daß Vergangenheit und Gegenwart verbesserungsbedürftig sind und einer sie erlösenden Zukunft harren. Die Utopie entwarf die Vision von *etwas Besserem* als dem Bestehenden. Das ist eine Abwertung der jetzigen Wirklichkeit, der damit in gewisser Weise die Existenz abgesprochen wird.

Nun kann aber nichts, was war oder ist, ungestraft in seinem Wirklichkeitscharakter negiert werden. Es kommt durch die Hintertür garantiert zurück. Oft in nicht gerade sehr angenehmer Erscheinung.

Dieser Utopiedefinition liegt eine menschliche Grunderfahrung zugrunde, die ich schon angesprochen habe: Als Kinder spüren wir sehr schnell, daß wir, so wie wir sind, nicht in Ordnung sind, daß wir *andere, Bessere* werden sollen. Das ist der biographische Kern aller Utopievorstellungen. Das Resultat ist bekannt. Auf dem Weg zum besseren Menschen bricht nach einiger Zeit entweder bei uns selbst das Verdrängte wieder hervor, oder wir projizieren es auf andere, die stellvertretend die bei uns unterdrückten, «überwundenen» Eigenschaften leben und dafür büßen müssen. Oder aber wir strampeln uns unser ganzes Leben lang vergeblich ab, um so zu werden, wie wir denken, daß wir sein sollten, und leben damit an uns selbst vorbei.

Gott sei Dank müssen wir jedoch nicht ewig einer Utopie der menschlichen Natur hinterherhecheln. Um was es geht, ist *Transformation,* das bewußte und bedingungslose Mitschaffen am ewigen Schöpfungsakt. Transformation gründet auf der Bejahung der Gegenwart und des ganzen Weges, der bis zum jetzigen Moment geführt hat. Das, was ist, wird als faktisch anerkannt. (Das geht nicht ohne Verzicht auf kindlich-magisches Denken, für das nicht wirklich wirklich ist, was weh tut.) Zukunft wird dann zu etwas *wirklich* Neuem, zu einem Geheimnis, in das wir uns vorwagen, in wacher Verantwortung und ein Abbild dessen im Herzen, auf das wir zugehen. Dieses Abbild ist die Utopie, es ist eine Kraftquelle.

Die Kraftquelle in der Wirklichkeit meiner realen Liebesbeziehungen ist die utopische Vision von Liebesbeziehungen jenseits wechselseitiger Besitzrechte und einklagbaren Seins.

Die Entpuppung des Schmetterlings

Unsere Beziehungen untereinander und zur Welt – dem Buberschen DU – sind Ausdruck desselben Bezogenseins. Die tradierten Beziehungsformen, Ausdruck einer Welt, in der Ich und Nicht-Ich sauber voneinander getrennte Dinge sind, verbunden nur durch Brücken zum Zweck von Austausch und Herrschaft, haben sich überlebt. Sie sind deswegen nicht *schlecht*, die möglichen neuen nicht *besser*.

Ein verpuppter Schmetterling ist nicht besser oder schlechter als ein entfalteter. Nur: die Raupe ver-puppt sich nicht aus reiner Beliebigkeit, und die Ent-Puppung ist nichts Zufälliges. Das Raupendasein stößt an eine Grenze. *So* geht's einfach nicht mehr. Die Raupe *muß* sich ver-puppen, oder sie stirbt. Dasselbe gilt, wenn die Larve sich in einen Schmetterling hinein ent-puppt.

Es gibt Entwicklungsnotwendigkeiten, die einfach sind, weil sie so sind. Sie sind imperative Forderungen dieses Prozesses fortwährenden Wachstums und fortwährender Entwicklung, den man das Leben nennt.

Es geht bei der Raupe nicht darum herauszufinden, wie sie als Raupe weiterbestehen könnte. Diesbezüglich hat sie keine Freiheit. Sie *muß* sterben, und der Schmetterling *kann* entstehen. (Damit ist der Schmetterling aber nicht das Endziel und einzig Wirkliche. Er ist für dieses ganze Geschöpf, das man Raupe-Puppe-Schmetterling nennen könnte, eine von drei ebenbürtigen, not-wendigen Identitätsformen.) Die Raupe hat nur die Wahl: entweder sie hört biologisch auf zu existieren, oder sie wandelt sich in eine andere Form ihrer selbst.

Dasselbe gilt für uns Menschen als Personen wie auch für uns als Gattung – heute. Wir haben nicht mehr die Wahl, unsere jetzige Identität zu bewahren und zu schauen, wie wir damit überleben können. Dennoch haben wir, wie die Raupe, die Wahl zwischen Tod und Transformation: Entweder wir sterben als Spezies biologisch aus, oder wir er-finden eine neue Identität. Dies setzt den Abschied von einer Weltsicht des Getrenntseins von *Ich* und *Nicht-Ich* voraus und von einer Welt, die geprägt ist durch Besitzen, Kontrollieren, Manipulieren, durch Einsamkeit und die Angst vor dem Tod.

Es braucht einen Abschied in Ehrfurcht und Wertschätzung, denn das, was jetzt *ist*, ist Ergebnis dessen, was *war*, und das Wissen darum ist die einzig mögliche Ausgangsbasis für den *nächsten Schritt*. – Ein Unterfangen, dessen Grundstein bejaht und gewürdigt wird, hat eine größere Erfolgschance, als wenn ihm ein Wert abgesprochen wird.

Nach dem Abschied vom Bisherigen, mit der dazugehörigen Trauer und Angst, ist eine Ent-Puppung möglich, eine Ent-Wicklung in eine neue Definition von Menschsein hinein. Dazu braucht's die große Vision und, in ihren Armen, die Pragmatik des jeweils nötigen Alltagsschrittes.

In meiner Vision steht Sein im Mittelpunkt (statt Haben), Vertrauen, Hingabe, Selbstverantwortung und das Wissen darum, daß es nicht um Sieg oder Niederlage, nicht um Haben oder Nichthaben, nicht um Herrschen oder Beherrschtwerden geht. Nicht destruktive Beziehungsspiele sollen die neue Liebesbeziehung prägen, vielmehr Spiel und Feiern, ekstatisches Sein. Es wird darum gehen, daß Liebe wirklich Liebe sein kann, nicht mehr überfrachtet mit allem möglichen Ballast.

Das ist mehr als leeres Geschwätz. Die Geschichte hat schließlich nicht nur zu der sich andeutenden apokalyptischen Krise geführt, sondern auch dazu, daß für einen nicht zu vernachlässigenden Prozentsatz von uns Menschen die FREIHEIT VON ... gewährleistet und damit die FREIHEIT ZU ... möglich ist, im Sinne des amerikanischen Präsidenten F. D. Roosevelt.

Er hatte in den 30er Jahren die Vision einer Gesellschaft entworfen, die sich so weit entwickelt hat, daß sie ihren Mitgliedern die FREIHEIT VON Hunger, Entbehrung, Demütigung etc. gewährleisten kann und damit den Zugang zur Dimension der FREIHEIT ZU einem wirklich erfüllten Leben. Wir haben uns Technologien geschaffen, um bei diesem Schritt in die FREIHEIT ZU ... nicht blind vor uns hin zu stolpern, sondern wach und präzise zu sein. Wir müssen sie nur nutzen.

Es scheint immer nur für kurze Zeit Gelegenheiten zur Verwirklichung großer Visionen zu geben. Verstreichen sie ungenutzt, dann sind diese Möglichkeiten eben nicht in die Wirklichkeit hineingeboren worden und damit nicht Teil der menschlichen Geschichte.

Es sieht danach aus, als ob diese Gelegenheit, die sich uns privilegierten Erste-Welt-Menschen bietet, nur für eine kurze Zeit gegeben ist. Wenn wir die sich bietende Chance nicht nützen, in den unbekannten, vor uns liegenden Raum hineinzugehen, dann wird sich wahrscheinlich die andere Seite der Polarität verwirklichen, nämlich ein zunehmendes Zerfallen der Sozial- und Versorgungsstrukturen, die uns die Freiheit von ... ermöglicht haben, ein Rückfall in Lieblosigkeit und Barbarei.

Ich nehme meine Privilegiertheit an und lebe sie als einen Beitrag zum not-wendigen Quantensprung in unserem Menschsein. Der mir am nächsten liegende Lebensbereich dafür sind meine Liebesbeziehungen. Hier kann ich in Freiheit Beziehungen zu realen menschlichen Gegenübern entwerfen und schaffe damit mein persönliches Modell für liebendes Bezogensein von Ich und Nicht-Ich, von mir und der Welt überhaupt.

Just a dream oder: Was heißt hier Utopie?

*Träume sind wachsamer
als Taten und Ereignisse.
Träume bewahren die Welt
vor dem Untergang.
Träume, nichts als Träume.*

UNBEKANNT

*E*in Kernsatz aus der eisernen Ration aller Religionen und
Philosophien lautet: «Wirklich besitzen kannst du nur dann etwas, wenn du bereit bist, es jeden Moment wieder zu verlieren.»

Ein schöner Spruch für ein paar Erleuchtete, die mit *dieser*
Welt nichts mehr zu tun haben? Oder vielleicht eher die Möglichkeit, das eigene Leben in ein Wunder zu verwandeln, wenn
ich mich daran mache, diese eine der großen Einsichten Realität
werden zu lassen?

Muß nur ein schöner Traum bleiben, daß meine Liebesbeziehungen zu Menschen, zum Leben, zur Erde immer im Hier und
Jetzt erfüllt und vollständig sein können, daß sie nicht auf Dauer
angelegt sein müssen, sondern jeden Moment zu Ende gehen,
sterben – oder im nächsten Moment wieder aufblühen können,
strahlend und vollständig in der alten Form oder in einer neuen
oder auch gar nicht?

Muß es nur ein Traum bleiben, daß ich nicht mehr zwanghaft
kontrollieren, manipulieren und krampfen muß, immer in der
Angst, irgendwann doch nicht mehr zu genügen, und dann verlassen zu werden?

Muß es nur ein Traum bleiben, daß ich meinen Liebes-*Objek-
ten* Freiheit geben kann, ihnen liebevoll Raum für ihr Geburts-

recht öffne: die Person zu sein, die sie sind, und als solche lieben zu können, wen, was, wozu und warum auch immer?

Muß es nur ein schöner Traum bleiben, daß Liebesbeziehungen unter Ebenbürtigen wirklich Liebes-Beziehungen sein können statt Arrangements und wechselseitige Festlegungen?

Muß es nur ein schöner Traum bleiben, daß wir das Sandkastenstadium menschlicher Beziehungen hinter uns lassen und in Dankbarkeit und Ehrfurcht die *ganze* Verantwortung für unser Lebensglück übernehmen können?

Vielleicht braucht es ja nur, daß wir uns gegenseitig Mut zu großen Worten machen und Lust darauf, uns ihnen hinzugeben und auf ihrem Rücken wach in das große Abenteuer Leben hineinzureiten.

> Diejenigen, die nur nachts in den staubigen Winkeln ihrer Seele träumen, erwachen in den Tag nur, um zu erkennen, daß alles eitel ist. Aber die Träumer des Tages sind gefährliche Menschen, weil sie möglicherweise offenen Auges ihren Traum leben und ihn verwirklichen.
>
> Lawrence of Arabia

Es gibt niemanden, der nicht aus eigener Erfahrung irgendwie weiß, um was es dabei geht. Fast alle Menschen haben Momente erlebt, in denen sie erfuhren und erlebten, was für sie voll entwickeltes Menschsein sein kann. Für die meisten waren das halt *nur* Sternstunden – Ausnahmen, die mit dem realen Leben auf dieser Erde nicht wirklich etwas zu tun haben.

Für einige aber haben die Sternschnuppen nach ihrem Verglühen innerlich nachgefunkelt, und sie haben sich auf die Suche gemacht. Solange wir es allerdings nur ver-suchen, werden wir sie nie finden.

Es braucht Wechsel unseres Blickpunktes, um zu erkennen: Wir sind nicht mehr Menschen, die *üben,* um Meister im liebenden Menschsein zu werden, irgendwann oder auch nie, wir *sind* Meister im liebenden Menschsein von Geburt an und können immer neue, schlüssigere, elegantere Ausdrucksweisen einüben.

Stell dir vor

Stell dir vor, du könntest aufhören, an dir selbst,
deinem Leben und deiner Welt herumzunörgeln.

Stell dir vor, du könntest aufhören, dich als Opfer
zu betrachten.

Stell dir vor, was möglich wäre, wenn du die
unbändige Energie, die gebunden ist im alltäglichen
Grabenkampf gegen das Leben,
den du früher oder später
eh verlierst,
freisetzen könntest.

Stell dir vor, was möglich wäre, wenn du dich dem Leben
hingeben könntest
und damit Teil davon würdest,
wirklich Einfluß nehmen könntest darauf,
wie sich's dir zeigt.

Stell dir das doch einmal vor, einfach so,
und vielleicht
wirst du erschrecken,
wenn dir der Gedanke kommt:
«Ja, wo kämen wir denn da hin,
wenn das Leben wirklich so sein könnte, wie wir's haben
wollten!»

Stell dir doch mal vor, einfach so, Du würdest wirklich
einen

Unterschied machen in der Welt, auf DICH käme es
wirklich an.
Ja, wo kämen wir denn da hin?

Stell's dir doch einfach mal vor.
Nur so zum Spaß.

Prinzip Sehnsucht

«... daß es nicht darum geht,
die Wirklichkeit an unseren
Sehnsüchten zu messen,
sondern die in der Sehnsucht
liegende Kraft zu nutzen,
um die Wirklichkeit zu gestalten.»

L.

Die Verwirklichung tiefer Sehnsüchte war während des
größten Teils der Geschichte für die meisten Menschen nichts
weiter als ein Traum. Große Sehnsüchte hatten vielleicht einen
Platz in ihren Herzen, aber nicht in ihren Lebensentwürfen.

Die Wirklichkeit wurde dennoch bewertend an diesen Sehnsüchten gemessen.

Die Verwirklichung von Sehnsüchten auch in der äußeren
Welt – nicht nur in der «inneren Verwirklichung» – ist etwas
Revolutionäres. Sie ist an eine Veränderung im In-Beziehung-
Sein mit der äußeren Welt gebunden.

Einige wenige schafften es irgendwie – als Heilige, Gurus,
Weise, Dichter, Sänger, Künstler, Herrscher oder Philosophen –,
das zu ent-bergen und sich innerweltlich entfalten zu lassen,
was ihren tiefsten Sehnsüchten entsprach. Sie wurden dann
nicht mehr als gewöhnliche Menschen betrachtet, sondern zu
Halbgöttern erhoben, unerreichbar für Menschen wie du und
ich.

Uns gewöhnlichen Menschen blieb nur, sie zu verehren oder
sie zu verlachen, sie zu vergöttern oder zu verketzern. In der
Hingabe an einen solchen «Übermenschen» konnte man gün-
stigstenfalls über eine Identifikation ein Stück weit, aber eben

nur ein Stück, dessen Seinszustand teilen. Häufiger führte der Vergleich mit ihnen dazu, die eigene Kleinheit und Ohnmacht noch mehr zu spüren und zu zementieren.

Nun, das liegt hinter uns.

Wir verfügen heute über fundamental andere Voraussetzungen, auf Grund deren Leben zu einem Selbstausdruck in freier Wahl werden kann, ohne dabei im Chaos zu versinken. Wir können unser Leben selbst in die Hand nehmen, unsere Sehnsüchte verwirklichen und unsere Größe leben. Alle Voraussetzungen dazu sind vorhanden.

Überfluß

Ohne größeren Aufwand können die meisten von uns materiell ein Leben führen, das während der längsten Zeit der Geschichte nicht einmal der jeweiligen High-Society zugänglich war.

Toleranz

Die Erzwingung sozialer Konformität durch Repression und Zwang ist im Vergleich zur Zeit noch vor vierzig Jahren nur ein sanftes Säuseln. Für beinahe jeden noch so ausgefallenen Lebensentwurf kann ich mit einigem Geschick und «with a little help from my friends» eine Subkultur aufbauen, in der ich mich selbstverständlich als der entfalten kann, der ich bin.

Freiheit

Niemand kann ernsthaft behaupten, es gebe in den westlichen Ländern noch ethische Prinzipien, die so allgemeinverbindlich sind, daß sie als normativ gelten können und es uns damit erlauben, uns aus unserer Verantwortung für unser Leben und die Welt davonzuschleichen. Es führt kein Weg zurück, eine gesellschaftlich *erzwungene* Moral und Ethik, auch in Liebesdingen, kann es auf Dauer nicht mehr geben.

Wir sind zur Freiheit verdammt.

Identitätsstützen
Gesellschaftliche Strukturen sind *strukturelle Ich-Skelette.* Es gibt für jede auch noch so außergewöhnliche Identität ein funktionierendes subkulturelles Ich-Skelett.

Kommunikation, Informationsaustausch und Anregung
Wir haben unsere Mobilität in unvorstellbarem Ausmaß gesteigert, haben weltweite, vernetzte Kommunikations- und Informationsvermittlungsstrukturen geschaffen. Diese statten uneingeschränkt alles, was damit vermittelt wird, mit der Würde der Faktizität aus und lassen so alles gleich-gültig werden. Das ermutigt, auch die eigene Sehnsucht als potentielle Realität, als ebenbürtige, gleich-gültige Information zu sehen.

Auf unterschiedlichsten Ebenen sind weltweite, potentiell allen zugängliche Formen für Austausch und Anregung entstanden. Die braucht es, damit Ideen sich verdichten und konkretisieren und sich schrittweise in die Welt hineinverwirklichen können.

Bewußtseinstechnologien
Außer Gebet und Meditation gab es bis weit ins letzte Jahrhundert kaum Technologien, um *Sein* und damit die Welt zu verändern.

Seit etwa hundert Jahren haben wir uns nun mit wahrer Inbrunst und zunehmender Effizienz in ein kühnes Abenteuer gestürzt – uns selbst zu begegnen, den Gedanken Wirklichkeit werden zu lassen, daß ich Herr, daß du Frau meines/deines Lebens bist, in Selbst-Verantwortung.

In den letzten Jahren wuchs sich diese Bewegung zu einer Flutwelle aus – mit allem Schrott und Abfall, der dazugehört. Therapien, Wachstum, Spiritualität etc. sind prinzipiell allen zugänglich.

Also, alles ist vorhanden, was es braucht, um unsere Sehnsüchte zu verwirklichen.

Wir müssen endlich
glauben
was wir
wissen

Aber: Wir benehmen uns wie Stallhasen, die sich immer danach sehnten, ihr Leben außerhalb des Käfigs zu leben, und seit Urzeiten Mythen und Legenden um diese Sehnsucht gewoben haben. Nun geht die Käfigtür auf, bleibt offen, die Wiesen leuchten saftig grün, mit den Katzen und Krähen kämen wir schon zurecht, und die Aussicht auf den Fuchs ist statistisch sogar weniger wahrscheinlich als die auf den Metzger. Irgendwie registrieren wir jedoch nicht, daß die Tür wirklich offensteht. Wenn einer es wahrnimmt und ausbricht, dann wird er ausgelacht. Und abends vor dem Zubettgehen werden den Hasenkindern weiterhin die Sagen und Legenden erzählt, die sich um die Sehnsucht nach Freiheit, Liebe und Erfüllung gebildet haben.

Statt aus dem schlechten Gewissen, daß wir eine kleine, privilegierte Minderheit der Weltbevölkerung sind, zu folgern, wir hätten nicht das Recht, unsere Privilegiertheit lustvoll für einen neuen Entwurf von Menschsein zu nutzen, weil wir krampfen müßten, damit alle Menschen *gleichzeitig* in den Genuß des Paradieses kommen, können wir doch einfach einmal da anfangen, wo wir stehen, hier und jetzt.

Denn es gilt:

WENN NICHT HIER, WO DANN?
WENN NICHT JETZT, WANN DANN?
WENN NICHT ICH, WER DANN?

Wenn *wir* nicht die Chance nützen, den not-wendigen Sprung zu machen, wer soll es denn dann tun?

Wenn *wir* die Chance verstreichen lassen, unsere eigenen tiefen Sehnsüchte zu verwirklichen, verraten wir *alle* Menschen und die Sehnsucht aller Menschen, die dafür gelebt haben, daß menschliches Leben und Lieben ein großartiges Abenteuer sein kann.

LET'S DO IT!

Transformation ist machbar, Frau Nachbar.

Beziehungsdesign

Die positive Seite der völligen Auflösung verbind-
licher Wert- und Normhierarchien liegt darin, daß
sich der Raum von Freiheit eröffnet.

Es wurde schon festgestellt: Unsere Welt stellt keine allge-
meinverbindlichen Normen und Wertvorstellungen mehr zur
Verfügung dafür, wie eine *richtige* Beziehung zwischen Frau und
Mann aussehen soll. Geblieben sind Allgemeinplätze und eine
unüberschaubare Vielfalt mehr oder weniger verlockender Angebote jeder Art.

Es geht nicht darum, ob das Frühere deshalb besser war, weil
bei aller Eingeengtheit die klar umrissenen Rollen- und Bezie-
hungserwartungen als Leitplanken dienten, an denen man sich
orientieren und festhalten konnte.

Es geht auch nicht darum, ob das Heutige besser ist, weil es
unserem Begriff von Menschenwürde mehr entspricht, wenn
Menschen das, was sie leben, aus freier Wahl in Eigenverantwortung wählen.

Das alles ist nicht die Frage.

Es ist auch nicht die Frage, ob wir diesem Sachverhalt zustimmen oder nicht.

Es ist so.

Es gab Jahrhunderte, in denen der gesellschaftliche Wandel sich
dermaßen langsam vollzog, daß die Vorstellung, die Welt sei sta-
tisch, selbstverständlich erschien und jeder nur seinen ihm von
Gott angewiesenen Platz einnehmen und die entsprechende Rolle so gut wie möglich füllen mußte.

Inzwischen hat sich der Wandel so beschleunigt, daß wir –

wenn wir außerhalb von uns nach etwas suchen, an das wir uns halten können – entweder desorientiert und verwirrt zurückbleiben oder aber ein so dickes Bollwerk um uns bauen, daß wir uns von einem lebendigen Austausch mit der sich verändernden Wirklichkeit völlig isolieren. Dann werden jedoch unsere Liebesbeziehungen zu Mini-Sekten.

Bleibt also nichts anderes übrig als die Flucht nach vorne: das Wählen und Nutzen dessen, «was ist», um meine Liebesbeziehungen mit ebenbürtigen, nicht abhängigen Gegenübern so zu entwerfen, daß ich in ihnen «Täter» bin und nicht mehr oder weniger passives «Opfer».

Das ist die Freiheit, Utopien zu verwirklichen.

Die Welt unserer Eltern und noch mehr die unserer Großeltern war eine Welt, in der der Großteil der Bevölkerung so hart und lange für einen relativ kargen und nie wirklich sicheren Lebensunterhalt arbeiten mußte, daß für Beziehungssehnsüchte jenseits des gerade Normalen gar keine Zeit blieb. Außerdem war die soziale Kontrolle so wirksam, daß Ausbruchsversuche meist in – im nachhinein romantisierten – Tragödien endeten.

Die «gute» Nachricht also: Wir sind nicht nur ins Leere geworfen, sondern wir verfügen auch über Voraussetzungen, Strukturen und Handwerkszeug, um aus dieser Leere etwas Neues entstehen zu lassen, etwas, nach dem wir uns immer gesehnt haben.

Die «schlechte» Nachricht: Wir sind dazu verdammt, Designer unserer eigenen Liebesbeziehung zu sein. In welcher Form wir das auch wahrnehmen:

– Als das Zufallsresultat des Zusammenwirkens meiner eigenen Biographie, des Dauerbombardements verschiedenster Beziehungsangebote und der gerade existierenden Zielvorgaben meiner Subkultur;
– als das angstbestimmte Abwerfen der eigenen Freiheit und die Unterwerfung unter einen nicht hinterfragbar vorgeschriebenen Verhaltenskodex irgendeiner fundamentalistischen Gemeinschaft;

– als stümperhaften Versuch, sich aus beliebigen persönlichen und gesellschaftlichen Versatzstücken eine Beziehungsleitlinie zu basteln.

Dann gibt es noch die Option des Künstlers beziehungsweise des Forschers, der eine Vision hat und wach, intensivst beteiligt und dennoch nicht identifiziert sich auf das Abenteuer einer experimentellen Beziehungsgestaltung, eines *Beziehungsdesigns*, einläßt. Zu dessen Verwirklichung, die nie garantierbar ist, braucht es leidenschaftliche Disziplin.

Es gibt zwei Formen des Beziehungsdesigns:

1. Die «öffentliche Inszenierung»
Es hat sie schon immer gegeben. Mehr oder weniger bewußt gewählt und inszeniert ist sie bei jeder Familie in ihrer Präsentation nach außen vorhanden. Ich nenne sie mal Stil Hollywood oder Washington D. C.

Aus welchen Gründen auch immer (soziale Akzeptanz, Karriere, Macht, Status oder Geld) brauchen Beziehungen entsprechend den Leitbildern und der Erwartungen meiner Umgebung ein bestimmtes Image. Die Partner beschränken ihr Design in der öffentlichen Inszenierung auf eine gute Bühnennummer in der Öffentlichkeit, die ihnen auch abgekauft wird. Was sich hinter der Fassade abspielt, ist den Umständen der eigenen Biographie überlassen. Im Grunde interessiert sich niemand wirklich für die «private» Beziehung dieser Menschen. Wenn dieses Beziehungsdesign gelingt, entsteht ein elegantes, herausforderndes Spiel im Kontext eines großen gemeinsamen Projektes. Gelingt es nicht, bleibt es – vorausgesetzt das Design kommt an – bei einer brüchigen Fassade, und die Beteiligten leben in der Angst vor Demaskierung. Dieses Design war meist nicht bewußt erschaffen, sondern lief im gesellschaftlich vorgeprägten Sog. Perfektioniert wurde dieser Ansatz von der modernen technokratischen Politikergeneration und den Leuten im Showbiz.

Die Beziehungsinszenierung nach außen ist mitnichten illegitim. Jede Beziehung muß die Form ihrer Außenpräsentation entwerfen, auch als Rahmen für die Innenbeziehung. Wenn es allerdings dabei bleibt, fehlt was.

2. Die innere Inszenierung

Der Gedanke, die Innenbeziehung bewußt zu entwerfen, war bis vor kurzem utopisch. Auch jetzt hat er noch nicht sehr viel Selbstverständlichkeit und Konsens erlangt.

Voraussetzungen sind: Ich weiß um die meiner persönlichen Biographie entspringenden Gefühle, Tendenzen, Wertmaßstäbe, Glücksvorstellungen, ich weiß um sie, bin aber nicht mit ihnen identifiziert.

Ich weiß um die derzeit kulturell und subkulturell vorhandenen Angebote, Identifikationsmöglichkeiten an Beziehungsmustern, solchen, die im Mainstream liegen, und anderen, die in Minderheitenpositionen sind. Ich weiß um sie, bin aber nicht identifiziert.

Ich schaue hin und wähle dann aus, wenn eine der Identifikationsmöglichkeiten mir so lockend erscheint, daß ich sie als Basis für den eigenen Entwurf nutze.

Oder meine Sehnsucht gilt einer Beziehungswirklichkeit, die als solche noch nicht, oder erst in Ahnungen und Ansätzen, vorhanden ist, die ich noch selbst er-finden muß. Ich suche dann unter den Menschen, die mich anziehen, denen gegenüber ich eine energetische, sexuelle, auf gleichen Interessen gegründete Attraktion verspüre, nach Personen, denen ich mich in meiner Vision zeige. Entweder sie teilen meine Vision von vornherein, waren auch schon auf der Suche – nach mir –, oder ich kann ihn oder sie für meine Vision begeistern. Oder wir lassen uns auf das Abenteuer ein, auf der Basis der energetischen Attraktion, unserer Werte und Vorlieben, eine neue, gemeinsame Vision einer Beziehung zu erschaffen. Auf jeden Fall gehen wir wach, verantwortlich und offen ein Experiment ein, lassen uns von ihm leiten und uns Prioritäten setzen.

Dann geht es nicht mehr darum, ob ich mich heute dabei gut fühle und morgen schlecht, dann verschwinde *Ich* im *Wir* der gemeinsamen Aufgabe, finde mein Glück im Prozeß statt in den Inhalten. Wenn etwas schiefläuft, braucht niemand dafür ins Unrecht gesetzt zu werden. Beide sind in gemeinsamer Verantwortung aufgerufen, die Panne als Basis für den nächsten Schritt zu nutzen.

Die dazu nötige Bereitschaft und Fähigkeit, nicht in der Identifikation mit *meinen* Gefühlen, Bedürfnissen etc. zu versinken, ist etwas vom Schwierigsten. Es braucht auch eine nüchterne Untersuchung der bestehenden kulturellen und subkulturellen Gegebenheiten und ein risikobereites Gespür dafür, was unveränderlich aussieht, aber veränderungsfähig ist. Und es braucht ein subkulturelles Netz von Menschen ähnlicher Visionen.

So kann bedeutend mehr der für die Verwirklichung benötigten Kraft und Kreativität entstehen, als wenn die Vision sich dauerhaft in einer Außenseiterposition *gegen* die Welt befindet. Dann können Beziehungen wunderschöne Spiele werden, und die beiden, die im Mittelpunkt einer Liebesbeziehung stehen, wirken hinein in die Welt, von der sie Teil sind.

Es ist ein Spiel mit offenem Risiko. Alle anderen Beziehungsmodelle sind genauso riskant, wenn man sich anschaut, wie viele als gelungen bezeichnet werden können. Also lieber ein offen und wach eingegangenes Risiko als ein dumpf erlittenes Schicksal.

Utopie?

Handwerkliches

Es gibt kaum Liebende, die schon von dem Moment an, wo sich aus der Gnade der Verliebtheit eine kontinuierliche Beziehung zu entwickeln beginnt, bewußt wählen, was sie in ihrer Beziehung wollen und was nicht, wie sie es hervorbringen können, mit welchen Verpflichtungen und welcher Glückserwartung sie in das Projekt hineingehen. Auch wenn beide schon einiges an Beziehungserfahrung aufzuweisen haben, entsteht zumeist doch ein Zufallsprodukt aus der Biographie der Liebespartner und der aktuellen Lebenswirklichkeit.

Die Beziehung wird zu einem eigenen Wesen, das Erleben und Verhalten hervorruft, Gefühle und Lebensinhalte gibt, das Ausmaß an Glück und Erfüllung bestimmt und selbst den Grad der Wandlungsfähigkeit und die Dauer der Beziehung festlegt. Nicht die beiden leben sich selbst im Rahmen ihrer Beziehung, diese lebt sie. Jede Interaktion festigt die Identität dieses Wesens und engt die Bandbreite der zukünftigen Ausdrucksmöglichkeit ein wenig mehr ein.

Bei den glücklichen Ausnahmen, die mit dem Ergebnis dieses Prozesses voll einverstanden und zufrieden sind, besteht kein Anlaß, irgend etwas zu ändern.

Wenn die Partner aber nach einiger Zeit merken, daß sie *so* nicht zusammenleben wollen, aber auch nicht auf Trennung aus sind, sind sie oft ratlos, was sie denn nun eigentlich machen können. Sie erleben sich in der Pflicht, ihre Beziehung zu gestalten, ohne über das notwendige Handwerkszeug und die erforderlichen Fertigkeiten zu verfügen.

Unsere Kultur hat – über religiöse Ansätze hinaus – erst vor kurzer Zeit angefangen, Instrumente zu erschaffen, die über die Wirksamkeit pädagogisch orientierter Placebos hinausgingen.

Um so beeindruckender ist es, daß es inzwischen ein weites Spektrum an wirklich wirksamen Techniken und Vorgehensweisen gibt.

Wollen beide Partner eine Veränderung, die über die Möglichkeiten passiven Lernens durch Erleiden hinausgeht, wollen sie beide durch verantwortliches experimentelles Handeln lernen, sind sie bereit, sich aktiv einzusetzen, und suchen sie Unterstützung, dann haben sie folgende Möglichkeiten:

Biographische Arbeit
Der jeweilige biographische Hintergrund war schon wirksam in der Partnerwahl und ist jetzt Bestandteil des gemeinsamen Beziehungsspiels.

Im Rahmen einer biographisch orientierten Einzeltherapie können die Liebespartner ihre Lebensgeschichte durcharbeiten, die Zusammenhänge zwischen ihrem aktuellen Liebesschicksal, ihrer kindlichen Welterfahrung und dem Reim, den sie sich damals darauf gemacht haben, erkennen, das Ganze verstehen und emotional verdauen und ein Stück weit hinter sich lassen.

Wenn beide Partner das tun, entsteht eine Dynamik, die trotz der Beharrungskräfte des Beziehungssystems eine echte und auch dauerhafte Veränderung auslösen kann. Manche Spiele zwischen ihnen, die Ausdruck des neurotischen Wiederholungszwangs waren, verlieren an Attraktivität und Energie. Die Beziehung hat die Chance, mehr in Fluß zu kommen und sich im lebendigen Zusammenspiel mit ihrer heutigen sozialen Realität wirklich in der Gegenwart abzuspielen.

Jede biographische Therapie enthält allerdings ein Risiko: Manchmal war die Faszination und Energie, die die Beziehung am Laufen hielt, so stark in der unerlösten Biographie der Partner verwurzelt, daß sich nach dem Durcharbeiten der Lebensgeschichten herausstellt, daß die Beziehung zu Ende ist. Vielleicht gibt es noch «Geschäftsgrundlagen», zum Beispiel die Kindererziehung, die beide zusammenhalten, vielleicht fehlt nun jede Gemeinsamkeit.

Auch etwas weiteres ist bei einer Therapie zu beachten: Menschen hungern und dürsten nach Intensität. So intensive Gefühle und Wahrnehmungen wie damals, als wir Kinder waren, erleben Erwachsene in einem nicht-neurotischen Kontext nur noch extrem selten. Das Verringern von Leiden scheint nur um den Preis eines weniger intensiven Er-Lebens im Guten wie im Schlechten möglich zu sein. Das ist allerdings eine Zwischenstufe.

Wenn der Kreis sich geschlossen hat und Menschen *wieder* zu Kindern geworden sind, dann kann erwachsene Intensität entstehen. Die nennt man Ekstase. Mit einem nur biographischen Vorgehen ist die allerdings nicht zu erreichen.

Biographische Arbeit eröffnet also Wege aus vergangenheitsbedingter Zwanghaftigkeit, führt aber nicht automatisch zu einer größeren personalen Wahlfreiheit der beiden Liebespartner im schöpferischen Gestalten *ihrer* Beziehung – und auch nicht notwendigerweise zu Glück, das über die Verringerung von Unglück hinausgeht.

Schnuppern im Rahmen eines vorläufigen Vertrags
Wenn also nach dem Wegfallen des biographisch Wirksamen die Partner sich vor die Frage gestellt sehen: «Ja, was wollen wir denn nun eigentlich mit der uns zur Verfügung stehenden Freiheit anfangen, welche Form von Beziehung würden wir denn gerne leben?», dann gilt es, Anregungen zu sammeln: Sie können, zusammen oder separat, in die Welt außerhalb ihrer ihnen bis dato selbstverständlichen Liebeswelten hinausgehen, sich umsehen, was es so alles gibt, und wach experimentierend Erfahrungen machen.

Wenn die beiden vorhaben, eine gemeinsame Zukunft zu erschaffen, dann brauchen sie Vereinbarungen, innerhalb welcher – immer wieder neu festzulegender – Grenzen dieses Experimentieren stattfinden soll. Und sie müssen die gemachten Erfahrungen zusammentragen, um sie mit Herz, Hirn und Genitalien in ihrer möglichen Bedeutung für ihr zukünftiges Lieben zu evaluieren.

Systemische Therapie
Eine systemische Therapie hat nicht mehr so sehr den einzelnen zum Gegenstand, sondern das «Individuum Beziehung». Die Beziehungspartner bilden ein System miteinander verflochtener und sich wechselseitig am Leben haltender Subpersönlichkeiten, das *Wir*, die Beziehung, die ein eigenständiges Wesen ist mit Widersprüchlichkeiten, Ängsten, Hoffnungen, Wünschen, mit spezifischen Entwicklungstendenzen und Begrenzungen.

Es geht im systemisch orientierten Ansatz nicht darum, ob nun das Individuum oder die Beziehung die *wahre* Identität darstellt. Es handelt sich um verschiedene Ebenen, unterschiedliche Perspektiven, von denen aus das Leben betrachtet und gestaltet werden kann. Dementsprechend schließen sich auch der individuell-biographische und der systemische Ansatz nicht aus.

Systemische Therapie zielt darauf ab, Beziehungen «ökologischer» werden zu lassen, zu ermöglichen, daß alle Anteile den ihnen gemäßen Platz und die ihnen gemäße Form finden und zusammen mit allen anderen Beziehungsanteilen eine dynamische Harmonie ergeben. Das Verhalten der einzelnen wird in seiner Funktion für die Beziehung gesehen und die Partner immer wieder ermuntert, den Unterschied zwischen Rolle (Funktion) und Wesen zu erfahren. Deshalb sind auch *Rollenverschreibungen* (Aufgaben, die von den Partnern verlangen, daß sie miteinander experimentell neue Rollen spielen) bei diesem Ansatz so wichtig.

Eine erhöhte Zufriedenheit der Partner in ihrer Beziehung ist hier – im Gegensatz zum am Individuum orientierten Vorgehen – quasi Nebenprodukt einer Veränderung der Beziehung.

Gemeinsame Zielerarbeitung, Deklaration und Coaching
Wenn die Partner wach in die Zukunft hineingehen und die weitere Entwicklung ihrer Beziehung nicht doch wieder dem mehr oder weniger willkürlichen Zusammenwirken innerer und äußerer Faktoren überlassen wollen, ist die Erarbeitung ge-

meinsamer Ziele und Rahmenbedingungen ein wichtiger Schritt. Hilfreich dabei ist eine Art formeller Besiegelung, eine Deklaration.

Und da wir Menschen nun einmal so sind, wie wir sind, und die Tendenz haben zu vergessen (vor allem dann, wenn Dinge sich nicht so gut anfühlen oder anstrengend werden), ist es auch nötig, daß sich die Partner wechselseitig das Recht zugestehen, sich an das gegebene Versprechen zu erinnern und dessen Einlösung zu fordern. Dieses Coaching braucht nicht auf die Beziehungspartner begrenzt zu bleiben, wir können uns auch von Freunden coachen lassen. Wichtig ist hier ebenfalls, daß diese von uns einen konkreten Auftrag erhalten und dem zugestimmt haben. Genauso können wir uns professionelle Coaches suchen.

Anfang der Achtziger nahm ich an einem Seminar mit Elisabeth Kübler-Ross teil. Sie erzählte, in ihrer Lebensgemeinschaft hätten sie eine Regel: Sei eine Person für die anderen erkennbar unterstützungsbedürftig, so würde ihr Unterstützung angeboten. Reagiere sie nicht oder abweisend, so würde dieses Angebot ein zweites Mal gemacht. Wenn auch darauf eine abweisende oder gar keine Antwort erfolge, ein drittes Mal. Die Regel beinhalte, daß sie nach dem dritten Mal damit aufhörten. Dann würden sie das Verhalten des anderen als etwas nehmen, womit er dokumentiere, daß er als erwachsener Mensch verantwortlich eine Wahl getroffen habe. Damit müßten die anderen dann umgehen wie mit einem Naturereignis.

Eine ähnliche Regel kann in der wechselseitigen Abmachung zum Erinnern und Aufwecken nützlich sein, um die beiden häufigsten Fallen zu vermeiden: zu wenig Hartnäckigkeit aus Angst, den anderen zu entmündigen und sich selbst unbeliebt zu machen, und eine sture, unbarmherzig moralisierende Hartnäckigkeit, die unmenschlich wird.

Bei allen Zielsetzungen und Abmachungen ist eines ganz wichtig: Nichts besitzt die Würde der Heiligkeit! Alles kann geändert werden. Regeln gelten, solange sie nicht gemeinsam durch andere ersetzt worden sind. Aber solange sie gelten, gelten sie auch. Sie sind nicht abhängig von der Willkür von Umständen und Launen. Im Arbeitsleben und anderen existentiell wichtigen Daseinsbereichen ist diese Haltung selbstverständlich. In unserer Liebeswelt müssen wir sie erst zu einer Selbstverständlichkeit werden lassen.

Natürlich kann man auch einseitig Ziele über Bord werfen, Abmachungen aufkündigen, Versprechen brechen. Ein Versprechen zu halten hat Folgen, es zu brechen ebenfalls. Es scheint so zu sein, daß das Einhalten eines Versprechens eine größere Kraft und Glückswahrscheinlichkeit ergibt, als es zu brechen.

Häufig werfen Menschen am Anfang ihrer Beziehungen mit einer Menge diffuser Versprechen um sich («Du kannst dich *immer* auf mich verlassen!»). Fordert der Partner sie dann im Laufe der Zeit, nachdem die erste Verliebtheit abgeklungen ist, ein, wird das Ganze lästig. Entweder macht man sich dann aus dem Staub und gibt dem Partner die Schuld dafür. Oder aber man zieht das Versprechen verbissen durch und versteckt sich dahinter vor der Verantwortung für das eigene Leben.

Wir können uns aber auch, nachdem wir es uns vorher gut durch den Kopf haben gehen lassen, auf wenige, klar definierte Versprechen beschränken – und sie einhalten, in Freiheit.

Spirituelle Disziplin

All die vorhergehenden «Techniken» sind innerweltliche, letztlich egozentrische Vorgehensweisen. Sie sind wichtig, weil sich unser Lieben auf dem Boden dieser Welt abspielt. Das jedoch, was wirkliche Erfüllung möglich macht, ist auf diesem Weg nicht zu erreichen, bleibt letztlich Gnade.

Aber nachdem Beziehungspartner Voraussetzungen geschaffen haben, um es der Gnade nicht unnötig schwer zu machen, bei ihnen zu landen, können sie noch ein weiteres tun, um sie einzuladen. Sie können, gemeinsam oder auch separat, im Rahmen einer spirituellen Disziplin immer wieder Loslassen, Staunen und Hingabe einüben, in der Erfahrung wachsen, daß sie über ihre Begrenztheit als einzelne, getrennte Individuen hinaus Teil eines unendlich großen Ganzen sind, das in Überfülle all das enthält, was sie für Glück und Erfüllung benötigen.

Selbsthilfegruppen
Eine inzwischen bekannterweise wirksame Art und Weise, wie wir aus der Verfangenheit in einer alten Identität heraus- und in eine neue hineinwachsen können, besteht darin, uns mit anderen Menschen zusammenzutun, die auf demselben Weg sind. Es geht dabei nicht darum, sich *gegen* etwas zusammenzuschließen, sondern einfach nur darum, einen Ort zu haben, wo wir uns in unserer ganzen Menschlichkeit, einschließlich unserer Träume und Visionen, zeigen können, ohne bewertet, abgelehnt, bestraft zu werden. Ein Ort, an dem wir offen von unseren Erfahrungen im Forschungsabenteuer Liebe sprechen und uns beschenken lassen können von den Erfahrungen, die die anderen gemacht haben.

Dann brauchen wir uns nicht mehr mit unseren Erfahrungen zu identifizieren, sie zu rechtfertigen und zu verteidigen, sondern wir können sie, unserem Ziel verpflichtet, unbefangen und selbstbewußt nutzen. Genauso wie die Erfahrungen der anderen, die im nichtbewertenden Hören auch zu unseren werden. So können wir ein potentiell unendliches Reservoir schaffen, das uns für die Entfaltung unseres Liebesabenteuers zur Verfügung steht und weit über alles hinausgeht, was wir allein erreichen könnten.

Warnung
Häufig ist jedoch in einer bestehenden Beziehung in einem bestimmten Moment nur einer der Liebespartner bereit, aus dem Fluß der automatischen Entwicklung herauszutreten und sein Liebesglück in die eigenen Hände zu nehmen.

Dann spielt sich das Unterfangen auf einer anderen Ebene ab und ist mit einem bedeutend höheren Schwierigkeitsgrad versehen. Die Bausteine der Veränderungsarbeit sind zwar weitgehend dieselben (bis auf die Möglichkeit einer gemeinsamen systemischen Therapie). Aber es entsteht eine völlig andere Realität. Die Auseinandersetzung mit einer der vielen Formen von Widerstand erhält ein ganz anderes Gewicht. Zielformulierung, Deklaration und Coaching spielen dann eine noch größere Rolle.

Exkurs über Utopie und Banalität

*Die Perversion unserer Welt liegt nicht so sehr in den
großen Scheußlichkeiten und Entsetzlichkeiten, sondern in der nimmer endenden Kette banaler Alltäglichkeiten, die wir uns gegenseitig antun und die
dann letztlich in den großen undenkbaren Dingen
enden.*

FREI NACH HANNAH ARENDT

Leben aus einer Haltung von Liebe – recht und schön.

Aber, wenn sie nicht auch im Alltag gelebt wird, in dem viele
Dinge in ihrer soliden Wirklichkeit schwer miteinander verein-
bar sind, bleibt das Ganze nur Geschwätz. «Der Teufel steckt im
Detail», heißt es im Sprichwort, und bei Bert Brecht: «Die Wahrheit ist immer konkret.»

Meine Frau und ich leben seit fast zwei Jahren getrennt. Sie
wohnt mit den beiden Kindern weiterhin in unserem riesigen
alten Bauernhaus am Südhang des Schwarzwaldes, zusammen
mit unseren Freunden, vier anderen Familien.

Dies Haus ist mehr als nur Wohnhaus. Viel Leben unterschiedlichster Art findet darin Platz, es ist ein kleiner Knotenpunkt im regionalen Netzwerk. Es liegt am westlichen Dorfrand
wunderschön in den Wiesen, nach drei Seiten frei, Südsicht auf
Hunderte von Kilometern über den Jura und die Alpen.

Unser 13jähriger hat damals, als die Trennung akut wurde,
gesagt: «Ganz egal, was ihr macht, *wir* bleiben hier.» Die Kinder
– es gibt noch acht weitere Kinder im Alter von zwei bis fünfzehn – haben hier ihre Heimat, und ich will, daß sie ihnen erhalten bleibt. Ich wohne im gleichen Dorf in einer kleinen Miet-
wohnung.

Es hat eine Entwicklung stattgefunden. Die ersten fünf Monate waren «heißer Krieg». Es kam zu einem beinahe totalen Kommunikationsabbruch. Alle Versuche, miteinander ins Gespräch zu kommen, mit Unterstützung von Freunden und selbst professioneller Hilfe, landeten im Fiasko. Sogar die Verständigung über die Grundnotwendigkeiten wie zum Beispiel die Kinder und finanzielle Fragen sowie Dinge, die das Haus betrafen, war nur noch schriftlich möglich.

Für die Kinder war dies Miterlebenmüssen des offenen Kriegszustandes zwischen ihren Eltern schwer. Vorher hatten wir ihnen gemeinsam Geborgenheit und Zusammengehörigkeit vermittelt. Allerdings hatten sie auch viel Unzufriedenheit und Nörgeln mitbekommen und letztlich wenig wirkliche Freude und fröhliches Lieben zwischen ihren Eltern.

Rückblickend sind sie mit dieser Krise großartig umgegangen. Sie wurden mit zwölf und neun Jahren gezwungen, sich mit den nicht so schönen Erscheinungsformen des Lebens auseinanderzusetzen, von denen wir sie bisher auch dort verschont hatten, wo dies nicht mehr unbedingt notwendig gewesen wäre. Ganz wesentlich war, daß ihnen die selbstverständliche Geborgenheit und die Heimat im Haus erhalten blieben, das gesamte Umfeld, das für Kinder manchmal ja nicht weniger wichtig ist als die Eltern selbst.

In diesen ersten Monaten waren wir oft in Gefahr, uns in wechselseitiger Eskalation zu verlieren. Irgendwie haben wir die Kurve gekriegt, haben diese Zeit so überstanden, daß am Ende keine irreversiblen Schäden übrigblieben, sondern Lebendiges in Gang kam. Ich weiß, daß unsere Lebensumstände uns zu Privilegierten machen und wir diese Krise unter Bedingungen stattfinden lassen konnten, die nicht vielen anderen Paaren in einer solchen Situation zur Verfügung stehen: Wir haben beide eine nun 20jährige Schulung in Therapie und Spiritualität, haben beide studiert, können beide auch weiterhin finanziell gut über die Runden kommen und unser Geld auf interessante und erfüllende Art verdienen, auch haben wir für unsere Kinder in dieser Zeit ideale Bedingungen gehabt.

Das hat sicher mitgeholfen, daß wir die Gratwanderung am Rande der destruktiven Eskalation letztlich unbeschadet, im Gegenteil gestärkt und dankbar, überstanden haben. Aber haarig war diese Zeit doch, und die Vision der Liebe drohte oft in der destruktiven Dynamik der alltäglichen Banalitäten unterzugehen.

Ein kleines Beispiel nur:

Dieses Wochenende sollten die Kinder von Samstagmorgen bis Sonntagabend bei mir sein. Ich hatte in den letzten zwei Monaten kein schulfreies Wochenende mit ihnen und mich sehr darauf gefreut, weil wir eine Wanderung in den Alpen machen wollten, die schon lange geplant war – Frühling auf den Bergwiesen vor schneebedeckten Gipfeln. Das Wetter versprach gut zu werden.

Vorgestern fiel mir nun ein, daß ja dieses Wochenende Muttertag ist. Für den Großen entstand eine schwierige Situation. Er gab deutlich zu verstehen, daß es ihm wichtiger sei, sonntags bei seiner Mutter zu sein. Das konnte ich gut akzeptieren, weil klar ist, daß unsere Kinder in der derzeitigen Situation jede Freiheit haben müssen, ihre Liebe zu uns beiden zu zeigen, auch an den offiziell dafür designierten Tagen. Kinder haben da eben eine eigene Wirklichkeit.

Also Loslassen *meiner* Pläne für dieses Wochenende. Bereitschaft, es so zu nehmen, wie es ist. Ich habe dann mit meiner Frau darüber gesprochen. Es war ein gutes Gespräch. Dabei habe ich ihr auch gesagt, daß ich statt dessen vorhätte, die Nacht von Samstag auf Sonntag mit den Kids auf der Plattform eines Aussichtsturmes zu verbringen. Von da oben hat man eine unglaubliche Fernsicht über den Schwarzwald, den Schweizer Jura, die Vogesen und die Alpen.

Damit ging's mir sehr gut, ich war in schönster Vorfreude. Da ruft sie mich doch gerade an, um mir mitzuteilen, daß am Samstagabend die Kids mit ihr zusammen zu einem türkischen Abend bei einem Schulkameraden eingeladen seien. Sie wollten gerne hingehen, ich könne ja auch mitkommen. Da stiegen Groll, Trotz und Härte in mir auf. Es ist schließlich *mein* Wochenende mit den Kindern, und ich find's eine Zumutung von ihr, mich zu zwingen, entweder den Kindern etwas zu verwehren, was sie gerne machen möchten, oder die Flagge zu streichen, (wieder einmal!) klein beizugeben und zu verzichten, und das, wo ich doch gerade noch so großmütig gewesen war.

Ich konnte mir zusehen, wie ich mich wieder in den Fünfjährigen im Sandkasten verwandelte, der sich verbittert mit dem Nachbarmädchen streitet, konnte ihr sagen, daß ich jetzt noch keine Lösung hätte und erst mit den Kindern sprechen wollte, aber daß ich zum «Loslassen» bereit sei.

Loslassen bedeutet nicht, klein beizugeben. Loslassen heißt, einen Seinszustand zu wählen, nicht einen Inhalt.

O.K., diese Klippe ist also auch genommen. Es war schön. Wir freuten uns; nicht nur über das Ergebnis, sondern auch darüber, was zwischen uns an Tanz möglich war.

Da bringt sie doch gleich den nächsten Hammer, nämlich: Fabian, Matthias' Freund, habe sich angemeldet und wolle morgen den ganzen Tag und über Nacht bei ihm sein. Ich mag Fabian sehr gern, es ist immer schön für mich mit allen drei Buben zusammen.

Die andere Sache ist: Sollte es morgen regnen und müßten wir zu Hause bleiben, dann wäre es in meiner kleinen Wohnung unerträglich. Das heißt, aller Voraussicht nach werden sie dann nicht bei mir sein, sondern bei meiner Frau, weil sie dort einfach genügend Raum haben. Das gönne ich ihnen ja auch von Herzen. Aber, verdammt noch mal, ich habe mich auf *mein* Wochenende mit den Kindern gefreut. Und es stinkt mir zu sehen, wie mir dieses Wochenende einfach zwischen den Fingern zerrinnt. Ich merkte, wie meine Charakterstruktur mich dazu führt, meine Frau ins Unrecht zu setzen für etwas, was mit ihr nichts zu tun hat: Das Leben ist nicht so, wie ich es haben will, und ich such' mir einen Schuldigen, statt mich damit auseinanderzusetzen.

Erstaunlich, auch da gelang es uns, die Hürde zu nehmen. Ich konnte humorvoll sehen, wie Empörung und Trotz in mir aufwallten.

Es tat gut, offen darüber zu sprechen. – Und es wurde dann für alle ein wunderschönes Wochenende!

Sind dies wirklich nur banale Selbstverständlichkeiten? Berufliche und persönliche Erfahrungen legen nahe, daß sich in Beziehungskrisen solche Banalitäten zu einer endlosen Kette von Verstricktheiten summieren.

Umgekehrt gilt genauso: Transformation ist nichts Spektakuläres, das man einmal erreicht hat und wo fortan nur noch Gold vom ewig blauen Himmel herunterrieselt, sondern die Abfolge der kleinen Alltäglichkeiten, transformiert in Vertrauen, spielerisches Staunen, Sein.

Das sind dann Momente verwirklichter Utopie.

Teil 3:

Vom wünschenswerten Ende der Dreiecksproblematik

Liebe
ist entweder frei
oder sie ist
keine

Dreimal dasselbe Thema

I

«Keiner, den ich bisher fragte, bestritt das altfranzösische Sprichwort ‹Die Liebe ist das Kind der Freiheit›. Doch macht uns diese Freiheit angst. Sich wechselseitig frei lassen und doch auf die Bindung vertrauen? Dazu fühlen wir uns zu unsicher. Wir unterstellen lieber, Bindung sei wechselseitiger Besitz. In kurzer Zeit ersticken wir so die Liebe. Daß Freiheit nicht Unverbindlichkeit heißt, kommt vielen nicht in den Sinn. Daß sie die Bindung vertieft, klingt unglaubwürdig ... Und doch wissen wir alle, daß sich Gefühle nicht erzwingen lassen. Aber was ist denn diese Kunst der freien Bindung? Wie lassen sich Freiheit und Bindung vereinen?»

Aus: Michael Lukas Möller, «Die Liebe ist das Kind der Freiheit», Rowohlt, 1986.

II

«Unter Dreiecksproblematik verstehe ich unsere allgemeine Unfähigkeit, uns auf mehrere Menschen auf allen Ebenen, den ganzen Lebensprozeß betreffend, einzulassen, unser Unvermögen, ganz offen und ehrlich zu dritt und damit in Gruppen zu leben, ohne Solidarisierung, ohne Ausgrenzung, ohne Abspaltung und Projektion und ohne Verzicht auf die Freiheit, authentisch zu sein.

Es scheint, daß unsere Zeit noch nicht reif ist für die Lösung des Dreiecksproblems. Alles weist zwar darauf hin, daß wir nicht darum herumkommen, wirklich ganz und auf allen Ebenen Beziehungen teilen zu lernen, daß dies ein unumgänglicher evolutiver Schritt ist, der für unser Überleben auf diesem Planeten unausweichlich ist, und gleichzeitig ist es auch offensichtlich, daß wir im Moment noch nicht fähig sind dazu, überfordert sind durch dieses Problem. Diese gegebene Situation macht, daß sich viele Menschen damit beschäftigen müssen, daß es viele auch immer wieder versuchen, eine Lösung zu finden, dann aber kläglich daran scheitern. Es gibt daran nichts zu verurteilen. Dieses Scheitern spiegelt lediglich die momentane Situation, unser Zwischen-zwei-Welten-Stehen, der alten und der neuen, der alten, in der es uns nicht mehr behagt, und der neuen, zu der wir noch nicht fähig sind. Wenn ich von Beziehungsdreiecken rede, meine ich nicht die gängigen Liebesverhältnisse eines Menschen mit zwei andersgeschlechtlichen Personen, die einander nicht kennen und auch keine Beziehung zueinander haben wollen. Ich meine damit eine Situation, in der alle drei, vier oder mehr Beteiligten in einem Beziehungsgeflecht verbunden sind und alle an der Beziehung untereinander, wenn auch vielleicht auf verschiedenen Ebenen und in verschiedener Weise, und am Wohlergehen der anderen interessiert sind. Mit solchen Situationen sind wir offensichtlich noch nicht in der Lage umzugehen.»

Aus: Samuel Widmer, «Im Irrgarten der Lust», Editions Heuwinkel, 1992.

III

«Karlsruhe (epd). Immer häufiger taucht das Thema ‹Dreierbeziehungen› in der Arbeit der Eheberatungsstelle Karlsruhe auf. Wie die Einrichtung, die von evangelischer und katholischer Kirche, der Stadt Karlsruhe sowie verschiedenen Frauengruppen getragen wird, in ihrem Jahresbericht schreibt, wird diese Beziehungsform nicht mehr heimlich, sondern öffentlich gelebt. Das stelle die Zweierbeziehung in Frage und lockere das herkömmliche Eheverständnis. Als Ausgangspunkt dafür nennt der Jahresbericht das Bedürfnis junger Eheleute, sich ein bis zwei ‹freie Abende› pro Woche zu nehmen, während der Partner die Kinder hütet. Mit diesem Alleingang werde teils unbewußt, teils bewußt das Risiko eingegangen, auch intimere Körperkontakte zu erleben mit der Konsequenz einer Dreiecksbeziehung ‹mit ungewissem Ausgang›. Zwar wünschten die Paare eine stabile Ehe, gleichzeitig jedoch als ‹Erweiterung› eine intensive Neubeziehung. Diese Ambivalenz lebten sie offen aus. Bei der Beratungsstelle zeige sich immer wieder, daß für viele Paare die dauerhafte Ehe keinen ‹Wert an sich› mehr darstelle, für den es sich zu engagieren lohnt. Die Leiterin der Eheberatungsstelle, Marina Lentz, sagte, es sei nicht die Aufgabe der Einrichtung, eine Ehe ‹um jeden Preis zu retten›, wenn die Partner zu dritt leben wollen oder überzeugt seien, sich trennen zu wollen.»

BADISCHE ZEITUNG, OKTOBER 1993

Ehe-Schließung – Ehe-Eröffnung

Diesen Sommer war ich bei Freunden zu ihrer Hochzeit eingeladen. Die beiden sind seit sechzehn Jahren zusammen und haben einen 13jährigen Sohn. Ihre in diesen Jahren gewachsene Verbindlichkeit und ihr wechselseitiges Vertrauen ermöglichten ihnen, Liebe da zu leben, wo sie hinfällt. Für die Menschen ihrer Umgebung ist ihr Leben Anregung und Ermutigung, sich ihres eigenen Potentials für ein erfülltes Leben gewahr zu werden.

Klar, auch diese Beziehung war nicht immer nur Vanillepudding mit Himbeersoße, und auch diese beiden Menschen sind immer wieder Eifersucht, Verlustängsten, Gefühlen des Eingeschränktseins ausgeliefert. Sie sind aber wach das Risiko einer absoluten Offenheit und Ehrlichkeit in ihrer Beziehung eingegangen und haben sich einen liebenden, vertrauenden und gewährenden Grundkontext für ihr gemeinsames Leben erschaffen.

Damit gaben sie sich die Möglichkeit, die nicht so schönen Seiten des Lebens als Mist zu betrachten, den man kompostieren kann und der sich dann verwandelt in Humus, auf dem die ganze pralle Lebendigkeit des Lebens wächst. Andere Menschen können sich an den tausend bunten Blumen freuen und ein Stückchen von diesem Humus als «Starter» für ihren eigenen Garten mitnehmen.

Abends, als alle in einem großen Zelt zusammensaßen, erzählten sie von der Entwicklung ihrer Beziehung und teilten uns Hochzeitsgästen mit, daß sie heute ihre «Ehe-Eröffnung» mit uns feiern wollten. Das hat mir gefallen.

Der Ausdruck «Ehe-Schließung» spricht eine deutliche Sprache. Das Paar, das die Ehe schließt, ob es sich nun zusammenschließt, ab-schließt oder überhaupt ver-schließt, grenzt sich auf jeden Fall von der es umgebenden Welt ab. Meist geht dies weit über das hinaus, was an Grenze sein muß zwischen dem erweiterten Ich, das ein Paar beziehungsweise eine Familie darstellt, und der sie umgebenden Welt, von der sie ja immer auch lebendiger Teil sind, die sie mitgestalten und von der ihre Wirklichkeit wiederum mitgestaltet wird.

Meist führt die Abgrenzung nach außen zu einer entsprechenden Abgrenzung nach innen. Jeder lebt in zunehmend starren Ich-Grenzen, die ihm wirkliche Nähe und Austausch mit dem Liebespartner erschweren. Oder aber es kommt wie in symbiotischen Beziehungen zu einer scheinbaren Auflösung der beiden Ichs und einem verschwommenen, totalitären *Wir*. Auch hier gibt es dann keine *personale* Nähe.

Vom Ende der Dreiecksproblematik

Es scheint so etwas wie ein Trend zu werden, daß Menschen sich wiederfinden im Wildwasser der Transformation von Liebesbeziehungen. Oft wach und lustvoll tauchen sie in etwas, das weit über das hinausgeht, was man bisher so Liebesbeziehungen nannte.

Es zeichnet sich ein neues Verständnis des Bezogen-Seins von *Ich* und *Nicht-Ich* ab. Die Dreiecksproblematik steht zur Transformation an. Dabei geht es um das Thema menschlicher Freiheit in Beziehungen, darum, was es heißt, in einer Beziehung authentisch der sein zu können, der man ist, jetzt.

Das ist etwas wesensmäßig anderes als ein Theaterstück, gespielt von Schauspielern, die soweit mit ihrem Part identifiziert sind, daß sie vergessen haben, daß sie nur eine Rolle spielen. Sie zahlen dafür mit einem Verlust an Leichtigkeit, Eleganz und Erfüllung in ihrem Liebesleben.

Es geht darum zu entdecken, daß wir uns zwar immer in Rollen begegnen werden, daß wir aber zur selben Zeit durch die Rolle hindurch die *Person* aufleuchten lassen können, dieses Wunder, das wir jenseits jeder Form und Rolle sind. Und, daß wir dann wunderschöne, liebende Theaterstücke miteinander schreiben, inszenieren und aufführen können.

Es geht um die Freiheit des Seins in Liebesbeziehungen. «Dreiecks*problematik*» ist Ausdruck eines partiellen Unmündig-geblieben-Seins, zeigt, daß wir Freiheit und Selbstverantwortung, obwohl wir uns doch so sehr nach ihr verzehren, nicht *wirklich* anstreben.

Dreiecks*problematik* hat ihre Wurzeln in unserer Weigerung, der Tatsache entsprechend zu leben, daß die allermeisten der biologisch Erwachsenen (heute, in der westlichen Welt) physisch und sozial sehr wohl über die Runden kommen können, ohne daß uns von einer spezifischen Person das geliefert wird, was wir zu einem erfüllten Leben zu brauchen glauben.

Wenn wir zu Ende geboren werden wollen, bevor wir sterben, dann müssen wir uns von der Dreiecks*problematik* verabschieden. Dafür müssen wir uns Strukturen einfallen lassen, die, da wo es notwendig ist, ein Mindestmaß an Planbarkeit und Kontinuität ermöglichen. Es braucht sie in Beziehungen, in denen eine materielle oder emotionale Abhängigkeit vorliegt. Desgleichen bei Beziehungen, in denen es um gemeinsame Projekte und Unternehmen geht. Das ist die Welt des Wortes, der vereinbarten Werte und Ziele, des strukturellen Bezogenseins.

Daneben, synchron dazu, braucht es Raum für eine *andere* Welt; eine Welt des Seins, die keine Gesetze, keine Regeln, keine Voraussagbarkeit kennt und kennen kann, um erfüllt zu sein: die Welt der Liebe, in der jederzeit kostenlos ein Überfluß an all dem zur Verfügung steht, was es in dieser Dimension braucht.

Die «naturgesetzlich» vorgezeichnete *Problematik* von Dreiecksbeziehungen unter ebenbürtigen Erwachsenen («Dreieck» steht hier nicht nur für drei Partner in der Beziehung, sondern für alles, was über die Zweierbeziehung hinausgeht) ist nicht mehr wirklich zwingend.

Es geht beim Auflösen der Dreiecks*problematik* nicht darum, möglichst viele Beziehungen zu Liebespartnern, am besten noch beiderlei Geschlechts, zu haben. Es geht auch nicht darum, aus einem weiterbestehenden Kontext von Mangel, Manipulation, schlechtem Gewissen beziehungsweise *mehr* oder etwas anderes beziehungsweise *Besseres haben* zu wollen.

Es geht nicht um ein etwas bunter ausgestattetes Arrangement, in dem sich Kleinmut und Größenwahn die Hand geben. Es geht darum, kühn zu sein und zu lieben – nicht irgend jemanden oder irgend etwas Bestimmtes – ganz einfach zu lieben.

Aus nicht begründbaren Gründen – man könnte es auch Gnade nennen – bin ich dann in Liebe mit einer oder mehreren Personen, Dingen, Situationen, mit jedem Gegenüber in einer einzigartigen, nicht zu vergleichenden, in sich gegründeten dyadischen Beziehung. Jede dieser Beziehungen ist in jedem Moment in sich erfüllt. Sie darf jederzeit sterben, hat keinen Anspruch auf Dauer. Sie *hält,* solange sie hält – ewig und tausendundeine Nacht oder nur einen Sekundenbruchteil. Eine solche Beziehung kann deshalb wie ein Neugeborenes immer frisch auf die Welt kommen, begrüßt als das Wunder, das sie ist.

Als abgegrenzte Person können wir uns in einem Netzwerk von Liebe auflösen, in einem Netzwerk, das sich immer wieder in lebenden Verbindungen verdichtet. Damit entsteht eine Beziehungsfähigkeit, die einer anderen logischen Ordnung angehört als die Beziehungsfähigkeit, die gemeint ist, wenn heute dieser Ausdruck verwendet wird. Und in unsere realen Beziehungen – mit unseren Geliebten, Kindern, Blumen, Bäumen, Wind und Sonne – kann eine Ehrfurcht und Heiligkeit einziehen, die das Leben unserer Liebesbeziehungen ekstatisch werden läßt.

Die Transformation der Dreiecks*problematik* ist ein realer Schritt in ein reales Land Utopia.

Und es geht – wir haben die Chance, wir, hier und heute.

Packen wir sie an.

Denn auch eine Idee, deren Zeit gekommen ist, braucht Menschen, um sich in ihnen und durch sie zu verwirklichen. Die Welt kann wirklich ein Stück weit das Paradies werden, das sie werden muß, wenn es für uns als Spezies auf der Erde weitergehen soll.

Eine Liebesgeschichte

*I*ch bin gerade mit dem Fahrrad zum Bahnhof nach Laufenburg gefahren. Seit mehr als zwei Jahren – wir hatten beschlossen, unsere Autokilometer drastisch zu reduzieren – mache ich das so. Zwei bis drei Mal pro Woche, jahraus, jahrein denselben Weg. Er ist Teil meiner Liebesgeschichte mit dem Leben, die immer wieder neu beginnt.

Der kleine Hotzenwaldort, in dem ich wohne, liegt etwa 600 Meter hoch, am Südhang des Schwarzwaldes in einer weit offenen Landschaft mit Sicht auf das Rheintal, die Bergketten des Jura und bei klarem Wetter die ganze Breite der Alpen. Von Mondwies nach Laufenburg geht's leicht. 350 Höhenmeter Unterschied auf einer Gesamtstrecke von etwa sechs Kilometern, fast die ganze Zeit bergab; manchmal ganz schön rasant. Rauf ist's ganz anders. Ich bin inzwischen zweiundfünfzig, außerdem war ich immer schon träge, und übergewichtig bin ich auch.

Im Sommer bin ich, wie ich es auch richte, zu warm angezogen und schwitze. Im Winter auch, da ich mich selbst auf der Hochfahrt warm anziehen muß. Ich stöhne und fluche über die Bergfahrt, und doch genieße ich sie genauso wie die Fahrt ins Tal, auf der mich das Rad wie von selbst trägt.

Dieser Weg ist eine Abfolge von Örtlichkeiten, die eine ganz reale und emotionale Bedeutung für mich haben: Ich fahre zuerst an den Bauernhäusern unserer Nachbarn vorbei, vorbei auch an der Post, an unserem Dorfladen, fahre über die Wühre, den im Mittelalter angelegten künstlichen Bach, dann beim Einbiegen in die Landstraße, die schon seit Jahrhunderten den «Wald» mit dem Tal verbindet, vorbei an unseren zwei Dorfkneipen, der Schule und dem Rathaus, einem freistehenden Grundstück, auf dem vor drei Jahren eine Immobiliengesell-

schaft bauen wollte und wo jetzt noch auf einer großen Plakat-
wand das geplante Bauvorhaben geschildert wird. Dann kommt
eine der beiden Schreinereien im Ort. Der Altbesitzer ist seit
langem still verbissen verfeindet mit seinem Nachbarn. Wahrscheinlich geht das schon seit mehreren Generationen so. Dann
das Landmaschinengeschäft. Früher war es die Schmiede, in der
der kleine Schmiedledick zu Hause war, um dessen Leben eine
in Mondwies lebende Dorfschullehrerin in den zwanziger Jahren eine Art badische Nils-Holgersson-Geschichte geschrieben
hat, die schon Teil meiner Jugend war. Dazwischen immer wieder die alten Häuser, die noch ein Stück weit ihre Eigenständig-
keit und Würde behalten haben und so etwas wie lebendige
Wesen sind.

Ich fahre an Menschen vorbei, die in meinem Alltagsleben
eine Rolle spielen: Der Nachbar steht in seiner Scheune und will
mit dem Traktor rausfahren, im Winter sehe ich durchs erleuchtete Schaufenster die Kundinnen im Dorfladen, die Schüler warten an der Bushaltestelle auf den Schulbus. Kurze Begrüßung,
Kopfnicken, Handheben, ein kleines Stück gegenseitiger Bestätigung, daß man hier zu Hause ist.

Nach etwa 500 Metern biegt von der Landstraße ein für den
öffentlichen Verkehr gesperrtes Sträßchen ab. Am Anfang der
Autoverwertungsbetrieb. Die Besitzer sind für mich Menschen
aus einer anderen Welt. Sie sind ganz dunkel von dem vielen
Dreck, der beim Ausschlachten der Autos haftenbleibt, und die
riesige Halle, in der sie ihre Transplantationsobjekte bereithalten,
ist ein absolutes Chaos. Mich fasziniert immer von neuem, mit
welch traumwandlerischer Sicherheit sie sich daran erinnern, wo
ein roter Kotflügel von einem 85er Opel Kadett zu finden ist oder
ein Vergaser von einem 73er Renault. Der Gemeinde gilt dieser
Betrieb als Schandfleck. Im Ortschaftsrat und am Stammtisch in
der Kneipe gibt es immer wieder erregte Debatten darüber.

Gegenüber die Asylantencontainer. Immerhin holzverklei-
det. Die Läden sind nur ganz wenige Stunden am Tag geöffnet.
Weil man ja nie weiß, ob nicht auch in unserer friedlichen Dorf-

gemeinschaft irgendwann mal jemand auf den Gedanken kommen könnte, einen Brandsatz zu werfen. Direkt daneben der Tennisplatz. Als vor zwei Jahren die übergeordneten Behörden beschlossen, daß auch Mondwies ein Kontingent Asylbewerber aufnehmen müsse, gab es zwar kaum prinzipiellen Widerstand, Kritik entzündete sich an der Standortfrage. Von Mitgliedern des Tennisclubs kam Einspruch mit der Begründung, es sei doch den armen Menschen nicht zuzumuten, daß sie sich direkt vor ihrer Nase den behaglichen Lebensstil ihrer Gastgeber und Gastgeberinnen vorführen lassen müßten. Dahinter liegt der Sportplatz und ein freies Gelände, wo schwarze Überreste von dem früheren Altreifenlager zeugen, das vor zweieinhalb Jahren aus unerklärlichen Gründen abgebrannt ist.

Dann fahre ich vorbei an der Stelle, wo ich damals, als wir gerade frisch hergezogen waren, unserem Nachbarn beim Heuaufladen geholfen habe. Er war über achtzig und mühte sich ab, alles unter Dach und Fach zu bekommen, bevor das drohende Gewitter sich entladen würde.

Ab jetzt geht's durch freie Landschaft, auf den nächsten zwei Kilometern gibt's nur noch Wiesen und Fernsicht und vier Höfe. Bei B. dann wieder zurück auf die Landstraße und nach einer steilen Schußfahrt wenige hundert Meter auf der vom Schwerlastverkehr stark befahrenen Südostverbindung am Rhein entlang. Gegner und Befürworter einer Autobahn liefern sich seit beinahe zwei Jahrzehnten erbitterte Duelle.

Hinunter zur deutschen Altstadt von Laufenburg. Hier, nördlich des Rheins, wohnten früher die kleinen Leute. Die eigentliche Stadt mit den großen behäbigen Bürgerhäusern und dem Schloß befand sich im Mittelalter auf der Südseite des Flusses. Auch hier Leute, die ich kenne, Geschäftsinhaber, Anwohner, Patienten. Die Häuser verraten eine eigene Geschichte, sind lebendige Zeugen der Stadtgeschichte. Ich gelange zum Zoll an der alten, steinernen Rheinbrücke, in deren Mitte, gegenüber vom Brückenheiligen, eine Linde steht. Jeder der Zöllner hat seine kleinen Eigenheiten. Einer ist zwanghaft, mit einer Taschenlaterne leuchtet er das Innere von Autos aus, kontrolliert alten Omas die Handtaschen oder frägt einen mit säuerlich-unbeweglichem Gesicht zum x-ten Male, ob der Walkman wirklich gebraucht sei. Es geht das Gerücht, Zechbrüder, die von der Schweizer Seite auf die deutsche Seite wollten, hätten ihn eines Abends, als er wieder seiner neurotischen Störung freien Lauf ließ, kurzerhand am Kragen gepackt und über das Brückengeländer gehalten. Dabei sei er aus seiner Uniformjacke gerutscht und in den Fluß gefallen. Das scheint seine Entschlossenheit, seinen Beruf als Bollwerk gegen den Zerfall von Recht und Ordnung auszuüben, nur verstärkt zu haben.

Groß-Laufenburg auf Schweizer Seite ist eine typische Habsburger-Siedlung aus dem Spätmittelalter, über die sich eine Schicht Spitzwegromantik gelegt und bis heute erhalten hat. Enge Gassen, Kopfsteinpflaster, die Kastanienallee zur Bahnhofstation und der typische Schweizer Kleinstadtbahnhof, vertrauenerweckend solide. Ich liebe ihn.

Das also ist meine Alltagsumgebung, sie verändert sich so langsam, daß ich sie als Teil von mir selbst erlebe. Die Liebesbeziehung mit ihr erfahre ich über das Jahr immer wieder von neuem und immer wieder anders. Dieses Jahr hat der Frühling früh Einzug gehalten. Wenn ich morgens gegen sieben aus dem Haus gehe und aufs Fahrrad steige, ist es noch kühl. Ich brauche Überhosen, Mütze und Handschuhe. Die Blüten am wilden Pflaumenbaum sind gerade dabei, sich zu öffnen, die Lupinen schieben ihre Blätter aus der Erde. Ich sehe die Krokusse und die praller werdenden Kirschknospen, unseren blauvioletten Rhododendronbusch und daneben die gelben Forsythien.

Über mir zieht ein roter Milan seine Kreise, auf Ausschau nach einer Maus in den noch kahlen Feldern. Die Amseln singen ihr Frühlingslied, während die Spatzen wie immer Spektakel produzieren. Nicht allzuweit weg hängt wie ein riesiges Fragezeichen die Dampffahne des AKW Leibstadt in der Luft. Es gehört inzwischen zum Landschaftsbild und bleibt dennoch ein monströser Fremdkörper.

Auf der Wiese noch alles weiß von Buschwindröschen, nur vereinzelte, kaum erkennbare lila Tupfen des ersten Wiesenschaumkrauts. Weiter unten, dem Tal zu, fangen die Kirschen- und Pfirsichbäume an zu blühen. Der Rhein riecht nach Frühling. Ich bekomme die kleinen und großen Veränderungen mit, nehme Anteil an jedem alten Obstbaum, der der Axt zum Opfer fällt, freue mich darüber, wenn ein neuer gepflanzt wird.

Ich übernehme Verantwortung für das Weiterbestehen und die Fortentwicklung dieser kleinen Welt in der großen. Ja, mit dieser Umgebung, mit dieser Landschaft, mit dieser Gemeinschaft bin ich verheiratet. Es ist eine Liebesgeschichte mit allem, was dazugehört: mit Entzücken, einem bestimmten Rhythmus, Vertrautheit, Heimatgefühl, einem warmen Herzen, Sorgen.

Und dann habe ich derzeit zwei Geliebte:

Die Nordsee, auf deren Inseln ich in den letzten Jahren jeweils im Herbst und im Winter eine atemberaubende, wundervolle Woche verbrachte, zusammen mit den Kids. Und die Alpen, die ich bei klarem Wetter von meinem Fenster aus sehen kann. Seit Jahren zieht es mich immer wieder dorthin, ich gehe wandern, allein, mit den Kindern, manchmal reicht schon ein Tag, eine Stippvisite in eine völlig andere Welt. Wenn ich zurückkomme, bin ich absolut erfüllt und gleichzeitig froh und in uneingeschränkter Zustimmung zu der Welt, in der ich meinen Alltag lebe.

Bin ich deswegen untreu?

Der (leider oft) normale Gang der Dinge oder: Wie es nicht gehen kann

Ein Paar kam zu mir in Beratung, beide Anfang Vierzig. Noch bevor ein Wort gesagt wurde, war deutlich, daß es sich in einer tiefen Krise befand. Die explosive Stimmung war mit Händen zu greifen. Sie vermieden Augenkontakt miteinander. Lange herrschte gespanntes Schweigen, bis, mit kaum hörbarer Stimme, die Frau anfing zu berichten:

Sie seien jetzt seit über fünfzehn Jahren zusammen und hätten vier Kinder. Das Jüngste sei noch klein. Ihre jetzige Situation erscheine ihr aussichtslos, sie wisse nicht mehr ein noch aus. In all den Jahren hätten sie's miteinander nicht leicht gehabt und seien auch immer wieder an den Punkt gekommen, wo eine Trennung im Raum stand. Sie hätten sich halt immer wieder zusammengerauft, auch ihren Kindern zuliebe. Aber glücklich seien sie nicht gewesen.

Beide hätten sie zwar immer wieder darüber gesprochen, daß sie ja das, was sie sich gegenseitig trotz beidseitigem gutem Willen an Nähe, Zärtlichkeit, Hingabe nicht schenken konnten, bei anderen Menschen suchen könnten. Aber gewagt hätten sie es lange nicht, aus Angst vor dem Risiko.

Vor einem Jahr allerdings habe sie sich in einen anderen Mann verliebt. Anfänglich sei es wunderschön gewesen, sie habe das gelebt, wonach sie sich immer gesehnt habe. Ihr Mann habe Verständnis gezeigt und ihr diese Beziehung erlaubt. Es sei jedoch offensichtlich geworden, daß er wie ein Tier unter der Situation litt. Noch schlimmere Sprachlosigkeit als vorher habe sich zwischen ihnen breitgemacht. Für sie sei die Situation immer belastender geworden, und die Beziehung zu ihrem Freund habe jede unbefangene Freude und liebende Leichtigkeit verloren. Die Lust sei ihr schnell wieder vergangen. Schuldgefühle,

Groll, Sehnsucht, Verzweiflung, alles habe sich zu einem unentwirrbaren Knäuel verknotet. Ihrem Mann gegenüber habe sie mit der Zeit jede Spontaneität verloren. Aus Angst, ihn zu verletzen, oder aber auch, von ihm bestraft zu werden, sei sie immer weniger offener geworden und habe angefangen zu lügen. Immerhin sei es ihnen beiden gelungen, in dieser Zeit ihren äußeren Rahmen wenigstens einigermaßen aufrechtzuerhalten. Die Kinder hätten das Ganze mitbekommen und sich auch verändert. Aber irgendwie sei's, im Vergleich zu heute, das Paradies gewesen.

Nach einigen Monaten habe sie die Liebesbeziehung zu ihrem Freund abgebrochen, weil sie gemerkt habe, daß sie auf die Dauer so nicht leben konnte. Schwer sei es ihr schon gefallen. Statt sich zu freuen, sei ihr Mann nur noch muffiger geworden.

An dieser Stelle unterbrach der Mann erregt. Bisher war er schweigend, mit starrem, zum Boden gesenktem Blick dagesessen, und nur ein nervöses Wippen hatte seine Spannung verraten. Sie hätte sich ja nicht zu wundern brauchen, daß er sie nicht gerade mit warmen Tränen der Liebe und Erlösung in die Arme geschlossen habe, als sie ihm mitgeteilt habe, daß sie die Beziehung zu dem anderen Mann abgebrochen habe. Schließlich habe sie ihm deutlich zu spüren gegeben, daß er schuld sei, weil er's ihr vermiest habe. Das habe er gemein gefunden, er habe sich doch solche Mühe gegeben. Ja, und dann hätten sie sich halt bemüht, Gras über die Sache wachsen zu lassen, aber irgendwie sei klar gewesen, daß nichts mehr so war wie vorher.

Und jetzt habe er seinerseits sich vor einigen Monaten in eine andere Frau verliebt. Nach anfänglicher Begeisterung und dem Gefühl von Freiheit sei in der Zwischenzeit alles nur noch viel schlimmer geworden. Seine Frau sei extrem eifersüchtig. Das finde er eine Frechheit, da sie ja die erste gewesen sei, die ausgebrochen sei und ihm nun doch auch das zugestehen müsse, was er selbst ihr zugestanden habe.

Die beiden kamen in heftiges Streiten miteinander, in dem es um zum Teil uralte unbeglichene Rechnungen ging. Sie nagelten sich gegenseitig fest: «*Du bist so!*», und forderten sich gleichzeitig ultimativ auf, doch anders zu sein.

Ihre derzeitige häusliche Situation war eine Hölle im kleinen, beim geringsten Anlaß kam es zu lautstarken Auseinandersetzungen, explosivem Ausrasten und Tätlichkeiten, Suiziddrohungen, Alkoholmißbrauch, der das Ganze nur noch verschlimmerte, und einem Verhalten ihrer Kinder, das ihnen rücksichtslos den Spiegel vorhielt.

Sie erinnerten in ihrem Verhalten und ihrer Interaktion an zwei Kleinkinder, die sich in die Ecke gedrängt wähnen und in ihrer verzweifelten Not nur noch um sich schlagen. So verfangen waren sie in ihrer destruktiv eskalierenden Auseinandersetzung, daß es fast schien, als hätte sich eine hypnotische Wolke über sie gelegt und sie, die sie in anderen Teilbereichen ihres Lebens durchaus funktionierten, zu «Verrückten» gemacht. Sie benahmen sich in einer Weise, über die sie sich anschließend zutiefst schämten, was aber das Karussell der gegenseitigen Zerfleischung nur noch beschleunigte.

Als es in der Sitzung nach einiger Zeit gelang, einen mühsamen Waffenstillstand herzustellen, der zumindest so weit hielt, daß ich mir durch Fragen ein Bild ihrer Lebensgeschichte machen konnte, wurde deutlich, was ich schon vermutete.

Beide waren in Elternhäusern aufgewachsen, in denen sie von Anfang an keine wirklich tragfähige existentielle Basis hatten. Sie kamen beide aus Familien, in denen die Eltern selbst Personen waren, die mit sich zu kämpfen hatten, ihre Erwachsenen- und Elternfunktionen nur unzureichend erfüllten und ihren Kindern nicht vermitteln konnten, daß da jemand Starker war, auf den sie sich verläßlich stützen konnten; jemand, der ihnen im Chaos des frühen Welterlebens verläßliche Richtschnur sein konnte.

Beide waren ihre ganze Kindheit hindurch allein gewesen und hatten ihr Bedürfnis nach Geborgenheit, Bewundertwerden, Willkommengeheißensein nie erfüllt bekommen. Bei beiden hatte ein Klima geherrscht, in dem verschlingende Nähe einerseits und brüske, nicht nachvollziehbare Zurückweisung durch ein Elternteil andererseits an der Tagesordnung waren.

Mit der Tapferkeit, die Kindern auch in verrückten und unmöglichen Situationen zu eigen ist, hatten sie sich einen Reim auf diese Situation gemacht und Verhaltensmuster ausgebildet, die sie befähigten, so gut wie eben möglich über die Runden zu kommen und körperlich zu wachsen.

Sie hatten sich Fertigkeiten und Charaktereigenschaften angeeignet, mit denen sie in der äußeren Realität einigermaßen funktionieren konnten, waren aber hinter dieser Fassade kleine, hilflose Kinder geblieben, hin- und hergerissen zwischen ihren riesengroßen Sehnsüchten nach Wärme, Nähe, Geborgenheit und Geliebtsein und der Angst, enttäuscht und zurückgestoßen zu werden.

Beide waren sie früh aus dem Elternhaus geflohen und hatten sich gegenseitig «gefunden», in der Hoffnung, beim anderen, gerade weil er/sie ein ähnliches Schicksal hinter sich hatte, Verständnis zu finden und endlich das zu bekommen, wonach sie sich gesehnt hatten.

Wie das leider so häufig der Fall ist, wenn zwei Menschen mit Krücken sich zusammentun, in der Hoffnung, dann endlich richtig laufen zu können, ging das nicht lange gut. Sie merkten schnell, daß das jeweilige Gegenüber nicht die ersehnte, vollkommene Elternfigur war, nach der sie sich so gesehnt hatten, und daß sie beide Hoffende ohne Adressaten waren.

Lange bestand ihr Weg als Paar darin, ihre Sehnsüchte und Bedürfnisse für sich zu behalten, auf Sparflamme miteinander zu leben und einen geregelten Alltag hinzubekommen, dabei unterschwellig dem anderen doch immer grollend, weil er einen enttäuscht hatte. Sie hatten resigniert, und die Gespräche über eine mögliche Erfüllung ihrer emotionalen Bedürftigkeit außerhalb ihrer Beziehung entstanden in diesem Rahmen.

Verständlicherweise mußte dieses Experiment fehlschlagen. In dem Moment nämlich, da das bisher mühsam aufrechterhaltene Gleichgewicht durch die Veränderung der Beziehungsdefinition kippte, strebten die verdrängten Impulse mit Macht an die Oberfläche. Beide fanden sich in dieser Situation heftigsten Gefühlen ausgeliefert, die – für einen geschulten Außenstehenden leicht einsichtig – nicht dem jeweiligen Partner, sondern primär den eigenen Eltern galten, aber auf den Partner projiziert wurden. Beide waren sie unter dem dünnen Firnis eines Erwachsenenverhaltens wie die kleinen Kinder von damals, die miteinander nun das auslebten, was sie nie ausleben konnten.

Nachdem die Dynamik einmal in Gang gekommen war, war sie kaum mehr zu stoppen. Es war zwar beiden einsichtig, daß sie bei ihrem persönlichen biographischen Hintergrund nicht im Stande waren, sich in das Experiment einer offenen Beziehung einzulassen, aber die Einsicht war eines und die ungeheure Energie, die hervorbrach, nachdem der jahrelang fest verschraubte Deckel gelockert war, ein anderes. Es gelang mit Mühe, die beiden zu bewegen, das Experiment der Außenbeziehung abzubrechen und sich beide in einer Einzeltherapie erst einmal in Eigenverantwortung mit dem eigenen inneren, hilflosen und im Stich gelassenen, überforderten kleinen Kind auseinanderzusetzen und es wachsen zu lassen.

Zufrieden sind sie zwar nicht mit ihrer Situation, aber sie schafften es wenigstens, die destruktive Eskalation zu stoppen, die zu einem hochbrisanten Spiel geführt hatte.

Sich auf das liebende Experiment einer Beziehungsöffnung einzulassen geht in der Regel nur, wenn die Beteiligten zumindest so weit die Verletzungen, Kränkungen und enttäuschten Sehnsüchte ihrer Biographie bearbeitet und hinter sich gelassen haben, daß sie zur Seite treten können, wenn, angetippt durch irgendeinen Faktor in der Beziehung, der eine oder der andere altersmäßig mit dem Expreßfahrstuhl in die Kindheit zurückfährt und den anderen mit sich nimmt.

Es braucht keine vollkommenen Menschen, um sich auf ein solches Experiment einzulassen. Aber es braucht mindestens das Wissen darum, daß die heftigen Gefühle, in die man sich in einer solchen Situation hineingezwungen fühlen kann, nur bedingt etwas mit dem Gegenüber und der jetzigen Situation zu tun haben, sondern ihre Wurzeln weit jenseits der Zeit haben, bevor der Partner in das eigene Leben getreten ist.

Diese Fähigkeit, beiseite zu treten, braucht es und zusätzlich die Bereitschaft, so weit an sich zu arbeiten, daß auch in kritischen Situationen der Sicherheitsabstand zu einem wirklich zerstörerischen Verhalten gewahrt bleibt.

Sich unter anderen Bedingungen auf ein solches Experiment einzulassen ist ein Kamikazeunternehmen, bei dem Wachstum höchstens nach dem Prinzip erfolgen kann, daß auch im Leiden und im Chaos die Möglichkeit eines Abarbeitens der Vergangenheit besteht.

PS: Alle Gefühle, die tief, bohrend und hartnäckig sind, sind «historische» Gefühle. Gefühle, die nur aus der Aktualität entstehen, können zwar durchaus heftig sein, aber sie sind nicht dermaßen zerstörerisch und vor allem flüchtig.

Glück und Eifersucht

Liebesbeziehungen können nur dann wirklich Liebes-Beziehungen sein, wenn die daran Beteiligten fähig sind, im Hier und Jetzt zu leben, das heißt, mit dem, was ist, und nicht mit dem, was sein sollte. Sonst hat die Realität keine Chance, in sich selbst erlebt und ausgekostet zu werden, sonst muß man sich immer messen an etwas, was nicht ist – und das hat mit lebendiger Wirklichkeit herzlich wenig zu tun.

In Mehrfachbeziehungen heißt das: Keine der darin bestehenden dyadischen Liebesbeziehungen kann daran gemessen werden, ob sie im Vergleich mit der real oder phantasiert vom Partner mit einem anderen Liebespartner gelebten Beziehung gut abschneidet oder nicht. Solche Paarbeziehungen innerhalb von Mehrfachbeziehungen können nur bestehen, wenn sie wirklich frei sind, das heißt, wenn jede in sich selbst vollständig ist.

Es ist absurd, einen Menschen zu lieben und dieses Erlebnis verteidigen zu müssen gegen das Erlebnis der geliebten Person mit einem anderen Menschen oder umgekehrt. Dann geht es nicht um Liebe, sondern um narzißtische Kränkung und Verlustangst.

> «... O. habe ich gerade geschrieben, daß ich kein Leben zweiter Wahl leben werde, was ausschließt, daß ich ihn zu einer zweiten Wahl mache oder zulasse, daß er eine ‹Zweite-Wahl-Nummer› mit mir zusammen lebt ...»
>
> L.

Vergleiche, Bewertungen schränken das ein, was da ist, hier und jetzt. Schränken es ein in seiner ihm innewohnenden, selbstverständlichen Kreativität und Entfaltungslust. Unser zwanghaftes Bewerten und Vergleichen in Liebesbeziehungen (auch das Messen an Ideologien) hat schon jede Menge übelriechender Sumpfblüten getrieben.

Besonders unangenehm wird das Vergleichen mit dem, «wie es sein sollte», in dem Phänomen, das man als Eifersucht bezeichnet. Wenn die Person, die wir zu lieben vorgeben, mit einer anderen Person Liebe erlebt, gilt es für viele als selbstverständlich, daß man eifersüchtig werden *muß*.

Das Grundmuster der Eifersucht ist dasselbe, auch wenn die Formen höchst unterschiedlich sind: Ob man nun dem Geliebten Vorwürfe macht, ihn mit Liebesentzug straft, ob man der Person, von der man behauptet, daß man sie liebt, die Reifen zersticht, ob es soweit geht, den *geliebten* Menschen zu erwürgen wie Othello, oder sich, wie im 19. Jahrhundert üblich, bei Tagesanbruch zu duellieren, mit dem sittlichen Weltprinzip im Hirn und Schiß in der Hose. Oder aber ob man depressiv wird bis zum endgültigen Ausrufezeichen im Suizid.

Eifersucht wird auch heute noch gehandelt als etwas quasi Naturgesetzliches, sozusagen als eine dominant zur Verwirklichung drängende Erbanlage.

Absoluter Quatsch.

Vermutlich ist es einfach die Reinszenierung der kindlichen Lebenserfahrung des absoluten Angewiesenseins, des Angewiesenseins auf einen *ganz bestimmten* anderen. «Wenn der andere, wenn er Liebe mit einer anderen Person teilt, mit mir vielleicht nicht mehr Liebe teilen will, dann überlebe ich das nicht.»

Ich bekomme dann Panik und schlage um mich.

Vielleicht ist alles, was es braucht, um Eifersucht zu transformieren, daß wir erwachsen, zu Ende geboren werden und uns gegenseitig daran erinnern, daß wir auch heute noch strahlende, vollkommene Wunder sind, selbst wenn sich inzwischen einige Jahresringe Alltagspatina darübergelegt haben. Und daß wir unterscheiden lernen zwischen dem Ausdruck von Eifersucht und deren Ausleben.

Vielleicht erfordert es von meinem Liebespartner und von mir selbst, daß wir unserer Eifersucht mit allen begleitenden Gefühlen Platz einräumen können, sie dasein lassen können, ohne sofort schuldbewußt, defensiv und/oder aggressiv darauf zu reagieren.

Es steht an, daß wir aufhören, Eifersucht zu mystifizieren und als Schicksal zu deklarieren. Wir müssen lernen, sie als Ausdruck eines kindlichen Entwicklungsstadiums zu betrachten, das wir längst hinter uns gelassen haben.

Eifersucht – nicht Eifersuchtsgefühle – ist lebens- und liebesfeindlich und stellt kein erhaltenswertes «Kulturerbe» der Menschheit dar.

Eine kleine Nachbemerkung:

Es galt und gilt immer noch als beinahe dingliche Wahrheit: «Wenn ich nicht eifersüchtig reagiere, weil meine Geliebte Liebe mit einem anderen Menschen teilt, dann ist dies ein Zeichen, daß ich sie nicht wirklich liebe. Je tiefer das Leiden, desto größer die Liebe.»

Ganz schön blöd.

Außerdem, niemand kann mich eifersüchtig machen, es sei denn, ich trage in mir die Bereitschaft, eifersüchtig, verletzt, zurückgewiesen zu sein. Das heißt, die Quelle der Eifersucht liegt nicht im Verhalten des anderen, sondern in mir. Und das ist der einzige Punkt, wo ich ansetzen kann.

Zwischenbilanz

Gerade habe ich lange mit O. telefoniert, nachdem ich vorgestern ihn und L. besucht habe. Ich möchte mir im Schreiben über mein Erleben der Situation klarer werden:

Wir versuchten an jenem Abend, uns auf eine Struktur für unsere Dreiecksbeziehung (unter Berücksichtigung unserer Verantwortung für die Kinder) zu einigen. Seit etwa drei Jahren lieben wir jetzt in dieser Konstellation.

Am Anfang: L. und ich führen eine intensivste Liebesbeziehung. O., der mit L. seit etwa fünfzehn Jahren verheiratet ist, erlebt sich hin- und hergerissen zwischen Eifersucht und Verletztheit einerseits und Sehnsüchten, die auf die Möglichkeit einer ganz neuen Beziehung mit L. gerichtet sind, andererseits.

Dann ein Zwischenstadium, in dem wir, von Abstürzen unterbrochen, alle drei spürten, daß etwas Großartiges mit uns geschah. In diesem Stadium schauten wir oft nicht so genau hin, wo Grenzen sein könnten. Wir vermieden verbindliche Vereinbarungen und umgingen die Notwendigkeit einer Beziehungsdefinition.

Jetzt stehen wir an einem Punkt, an dem wir hinsehen *müssen*, ob und wo wir uns in dem, was wir wollen, eventuell grundlegend unterscheiden.

Eine Phase ist zu Ende gegangen, während der L. und ich ein dreiviertel Jahr lang durch die gemeinsame Teilnahme an einem uns beide faszinierenden Kurs strukturell gesicherte Gelegenheiten hatten, uns zu treffen. Nun stellte sich die Frage: Können wir uns eine zeitliche und inhaltliche Struktur erschaffen, die es möglich macht, weiter in dieser Konstellation zu lieben? Und zwar so, daß alle Beteiligten sie bejahen, sie als Teil des Reichtums ihres Lebens erfahren und als Ebenbürtige an ihr mitstricken?

Dazu müssen wir offen und direkt zu erkennen geben, was wir als einzelne in dieser Konstellation wollen. Jetzt, auf dem Hintergrund der gemeinsamen Erfahrung.

Was ich will: Die Beziehung von L. zu O. und die von L. zu mir sollen voneinander unabhängig sein, in sich vollständige Beziehungen. Der Aktienstand in der einen Beziehung bedingt nicht zwangsläufig den in der anderen.

Was ich weiter will: In der Beziehung zu O. war ich staunend einem Mann näher gekommen, und ich hatte gelernt, ihn als meinen Bruder zu sehen. Ich will, daß diese Beziehung weiterwächst.

In der Beziehung mit L. geht es mir in einer Intensität und Reinheit um die liebende Beziehung mit einem ganz konkreten anderen Menschen, wie ich das noch nie (außer mit meinen Kindern, doch da spielt sich das Ganze auf einer völlig anderen Ebene ab) erlebt habe. Letztlich geht es um etwas Transpersonales, das weit über unsere Liebesbeziehung hinausreicht. Dies ist ein unglaubliches Geschenk, das wir in vollen Zügen auskosten. Aber wir kreierten auch immer wieder die Bereitschaft, sie loszulassen, wenn wir am nächsten Morgen aufwachten und sie wäre zu Ende. Jeder von uns steht in der selbstverständlichen Freiheit, zuerst einmal sich selbst zu sein. Deshalb können wir auch – im Wissen darum, daß wir lebende Teile eines großen Ganzen und damit immer vernetzt sind – uns gegenseitig uneingeschränkt unterstützen, das zu leben, was gerade ansteht. Im vollen Risiko, daß dadurch unsere Wege auseinandergehen könnten.

Was ich will: eine Liebesbeziehung jenseits wechselseitiger Besitzansprüche.

O. erlebte ich in dieser Beziehung schwankend. Wenn es ihm mit L. gutging, war er Feuer und Flamme, wenn es schlechtging, war er unzufrieden, und es stand Aussteigen an. Bisher war es uns gelungen, die Klippen zu umschiffen. Irgendwie war das auch gut, weil wir damit Zeit gewannen, in der anderes wachsen und sich entwickeln konnte.

Letzten Mittwoch waren wir allerdings an einem Punkt, an

dem uns nichts mehr übrigblieb, als genau hinzuschauen. Es sah so aus, als ob O. und ich zwei nicht miteinander vereinbare Dinge wollten. Wir mußten offen dem Nichtweiterwissen und der Ohnmacht ins Auge schauen. Die Möglichkeit, daß wir unser Experiment für beendet erklären mußten, stand ernsthaft im Raum.

Wir hatten heftige Auseinandersetzungen, fuhren altersmäßig mit dem Fahrstuhl in den Keller und verwandelten uns in kleine, ihren Emotionen und Impulsen hilflos ausgelieferte Kinder, die anfingen, gegeneinander zu kämpfen, und die in gegenseitigen Schuldzuweisungen versanken. Es war unsere bisher größte Krise.

Zwei Tage sind vergangen. Besonders gut angefühlt hat es sich nicht gerade, aber ich konnte einigermaßen ich selbst bleiben und alles willkommen heißen, was in mir auftauchte. Inzwischen ist wieder Friede in mir. Ich hatte keine Ahnung, ob, wie und in welcher Konstellation es weitergehen würde. Klar war, *es geht weiter,* und, was immer auftauchen wird, ich bin ihm gewachsen.

Gestern ein kurzes Telefongespräch mit L. Auch wir beide mußten überlegen: Wie gehen *wir* mit der Situation um? Wir kamen aber nicht dazu, groß auszutauschen und etwas Gemeinsames entstehen zu lassen.

Nun hat gerade O. angerufen. Es war ein ehrfurchtsvolles und waches Gespräch. Noch einmal wurde deutlich, daß wir letztlich beide der Hingabe verpflichtet sind. Wir sprachen über die Gratwanderung zwischen Hingabe, Unterwerfung und Trotz und über das Training, das wir dafür brauchen. Wir sprachen von der Hingabe an das eigene Selbst als Vorbedingung von Hingabe in einer Beziehung. Und es wurde noch einmal deutlich, daß eine solche Beziehung nur funktionieren kann, wenn Hingabe eben nicht Unterwerfung ist. Wir tauschten offen unsere Zustimmung aus, daß unser gemeinsames Unterfangen nicht mit Erfolgsgarantie-Urkunde versehen ist, daß wir jederzeit scheitern können und das kein Makel wäre, dessen wir uns schämen müßten. Es wäre einfach das Ende von etwas, was wir sehr wollten. Wenn man erkennen muß, daß der andere als der, der er ist, einfach nicht in der eigenen Vision Platz finden und man auch keine gemeinsame Vision erfinden kann, ist das unumgänglich.

Das ruhige Vertrauen in diesem Gespräch war wunderschön. Es war in Ordnung, nicht zu wissen, was kommen wird, und zu vertrauen, daß es letztlich von allen bejaht werden kann – sofort oder mit einer gewissen Verzögerung. Wir staunten, wie wir gelöst gewahr werden konnten, daß unsere Dreiecksgeschichte einfach ein Abschnitt dieses nie endenden Prozesses von Wachstum und Entwicklung ist, den unser Leben darstellt.

Wir werden die Geschichte unseres Liebens weiterschreiben.

Freiheit

Freiheit
wird, zu Unrecht,
oft in einen Topf geworfen mit
Beliebigkeit.
Die beiden Begriffe gehören jedoch
zwei völlig unterschiedlichen Kategorien an,
wie Pfirsiche und Aprikosen,
auch wenn sie wesens-ähnlich scheinen.

Freiheit
ist nur möglich
im Kontext von Beziehung, im gelebten Wissen,
Teil zu sein eines vernetzten größeren Ganzen,
ohne damit die Verantwortung
für sich selbst
auch nur um ein Jota
zu mindern.

Beliebigkeit
leugnet Kausalzusammenhänge
und die Bedeutung eines
Handelns.
Beliebigkeit ist Beziehungslosigkeit, Getrenntsein, Unfreiheit.

Freiheit und Verbindlichkeit
sind keine Gegensätze.
Verbindlichkeit
ist notwendig dort, wo sie
von Erwachsenenich zu Erwachsenenich vereinbart ist

zur Verwirklichung
eines gemeinsamen Projektes.
Sei dies das Aufziehen von Kindern, sei es eine
Walfängerblockade bei Greenpeace, ein gemeinsamer Tangokurs
oder was auch immer.

Verhalten
kann man vereinbaren.
Unter Fortgeschrittenen
vielleicht sogar noch
Haltungen,
in denen das Verhalten und die Handlungen auftauchen.
Gefühle, Emotionalität, psychosomatische Reaktionen
kann man nicht vereinbaren.
Auch nicht in Liebesbeziehungen.
Freiheit heißt,
diesen Sachverhalt zu akzeptieren.
Und ihn zu lieben.

Elternschaft und Selbstverwirklichung

*Elternsein
ist kein Freibrief
zum Zurückhalten
von Liebe*

*E*rinnerst du dich an den Satz aus dem Munde deiner Eltern: «Wir haben alles nur für dich getan!»?

Hat er in dir auch immer Widerstand, Rebellion, Groll ausgelöst?

Es ist ein niederträchtiger Satz, unwahr dazu.

Die Wahrheit ist:

Eltern tun letztlich nichts *für* ihre Kinder. Sie handeln so, wie sie handeln, weil sie gemäß *ihrer eigenen* Ethik, *ihrem eigenen* Menschenbild, *ihrem* Selbstbild als Vater und Mutter und *ihrer eigenen* biographischen Bedingtheit gar nicht anders können.

Im günstigen Fall sagen Kinder später einmal, wenn sie erwachsen und vielleicht selbst Eltern geworden sind: «Ich danke euch für euren Mut, das zu tun, was ihr für richtig hieltet. Einiges davon betrachte ich für mich als nützlich, anderes nicht.»

Eltern handeln immer egoistisch, selbst wenn sie sich für das aufopfern, was *sie* als das Kindeswohl definieren.

Heute gibt es keine wirklich verbindliche Leitlinie mehr dafür, was es bedeutet, ein guter Vater, eine gute Mutter zu sein. Es gibt auch keine wirklichen sozialen, finanziellen, existentiellen Gründe mehr dafür, sich fraglos irgendeiner Norm zu unterwerfen und sich in dem von ihr vorgeschriebenen Rahmen auszudrücken. Allgemeinverbindliche Normen gibt es nicht mehr, nur eine unüberschaubare Auswahl oft diametral entgegengesetzter Angebote.

Jeder ist auf der Suche, jeder willens oder unwillens sein eigener Normenerfinder. Das gilt auch und sogar gerade beim Anschluß an extrem normative fundamentalistische Gruppen. Niemand kann sich heute mehr hinter irgendeiner Ethik und dem, was diese als für Kinder gut betrachtet, verstecken und ihr die Verantwortung für das eigene Verhalten zuschieben.

Auch Eltern müssen sich, anders als damals, als alles für alle noch klar war, ihre eigenen Normen schaffen. Selbst wenn sie schließlich nur etwas mehr oder weniger Zufälliges auf dem Supermarkt der Kinderpädagogik oder -psychologie einkaufen und diese Wahl danach zur Wahrheit hochmythologisieren und verteidigen.

Dasselbe gilt für das Spannungsfeld zwischen dem Selbstverwirklichungsanspruch der beiden Eltern als Individuen und den angenommenen Bedürfnissen des Kindes.

Es gibt sicher Werte und Gesetzlichkeiten, die voraussagbare Ergebnisse hervorbringen. Kinder brauchen gewisse Rahmenbedingungen, um sich zu Erwachsenen entwickeln zu können, die selbstsicher, daseinsgewiß, spielerisch, liebend, allverbunden, sozial verantwortlich, flexibel sein können.

Dazu gehören:

– konstante Bezugspersonen;
– im Regelfall bis in die Postpubertät eine übersichtliche, voraussagbare Umgebung mit einem Minimum an brüsken, unvorhersehbaren Einbrüchen;
– die Gewißheit, dazuzugehören und willkommen zu sein;
– ein grundsätzliches begeistertes Begrüßtwerden als die, die sie sind, selbst wenn die immer auch vorhandenen lästigen Seiten das manchmal etwas mühsam machen können;
– ein grundsätzliches Akzeptieren von seiten der Eltern, daß das Kind wirklich ein von ihnen getrenntes, unabhängiges Wesen ist;
– Grenzen, an denen sie mit zunehmender Stärke und zunehmendem innerweltlichem Verstand wachsen können, bis sie

hoffnungsvollerweise eines Tages diese Grenzen überschreiten oder sie in Freiheit als ihre eigenen wählen;
- ein materiell gesichertes Leben, das heißt Ernährung, Kleidung, Wohnung, Heizung etc.;
- strukturierte Angebote für die Bereiche, die jenseits des körperlichen Wachsens, Erstarkens und Sich-Entfaltens liegen: Rechnen und Schreiben gehören dazu, aber auch eine Anleitung, wie das Mysterium des kindlichen Welterlebens im Erwachsenenalter adäquat Ausdruck finden kann.

Es gibt noch weitere dieser notwendigen Bedingungen. Letztlich sind sie alle Ausdruck ein und desselben Grundbedürfnisses: eine sichere Welt, die Geborgenheit schenkt und gleichzeitig interessant ist, Anreiz dazu, den Weg durch das geheimnisvolle Abenteuer Leben selbst-bewußt, wach und mutig zu gehen, das eigene Potential soweit nur irgend möglich in die äußere Welt hinein zu entwickeln und damit zur Fortentwicklung des Netzwerkes der großen menschlichen Familie beizutragen. Von *Eltern* braucht es «nur», daß sie diese Erfordernisse sicherstellen. Wie, ist sekundär. Sie können sogar als Personen die Szene verlassen, sei es durch Tod oder aus anderen Gründen. Wenn sie vorgesorgt haben, daß ihre Kinder die notwendigen Rahmenbedingungen haben, ist alles in Ordnung.

Kinder brauchen die obigen Rahmenbedingungen, aber außer ihnen nichts. Höchstens noch die Ermutigung, das eigene Leben als ein Wunder zu erleben, sich so zu verhalten, «als wäre das Leben kein Problem, das es zu lösen, sondern eine Wirklichkeit, die es zu erfahren gilt».

Alles andere sind Bedürfnisse der Eltern. Hierher gehört heute zum Beispiel das Bedürfnis zahlreicher Eltern der Mittelschicht, möglichst viel Zeit mit ihren kleinen Kindern zu verbringen, mit ihnen zu spielen, ihnen die Welt zu vermitteln und ganz aufzugehen im Wunder des neuen Lebens.

Die Benennung dieses Sachverhaltes ist vielleicht für viele Eltern zuerst eine Kränkung, eben weil sie so darauf fixiert sind, ihre eigenen Wünsche und Bedürfnisse unter dem Deckmantel der Erfüllung kindlicher Bedürfnisse auftauchen zu lassen. Nur, für die meisten Eltern ist dieses völlige Aufgehen im Nur-Eltern-Dasein nach kurzer oder längerer Zeit eh nur noch mit zunehmender Zwiespältigkeit durchzuhalten.

Biologische Eltern müssen um der Kinder willen zu keinem Zeitpunkt ihrer Elternschaft als Paar zusammenleben, wenn sie auf andere Weise die Einhaltung der Grundparameter gewährleisten können. Was für ein Schicksal Kinder erleiden, wenn sich die Wege der Eltern als Liebes-Paar trennen, hat nichts damit zu tun, *daß* sie sich trennen. Sondern damit, wie und unter welchen Rahmenbedingungen diese Trennung verläuft.

Es ist Platz für alles, wenn es mit liebendem Herzen, Verstand und der Bereitschaft, Verantwortung für das Ausgelöste zu übernehmen, geschieht. Kinder können sich sehr wohl in Liebes- und Lebenskonstellationen Erwachsener, in denen die Dreiecksproblematik zur Transformation ansteht, in ihre eigene Fülle hineinentfalten.

Es geht nur dann nicht, wenn den erwachsenen Beteiligten der Mut oder der Verwirklichungsrahmen fehlt, die es braucht, um konsequent die eigene Entwicklung und das eigene Wachstum weiter voranzutreiben. – Im Klartext heißt dies allerdings: Real funktioniert's meist nicht.

Die individuelle Selbstverwirklichung der Eltern bleibt in den allermeisten Fällen stecken, auch da, wo alle materiellen Voraussetzungen dafür vorhanden wären. Sie bleibt stecken in einem weiteren Arrangement mit dem Leben und dem neuen Liebespartner, einer oft gut begründeten, gut gestalteten resignierten Zufriedenheit. Ein Arrangement, das auch das Lebensgrundgefühl der Kinder resignativ einfärbt. Die Eltern führen den Kindern, die ja Antennen haben, die weit über das Gesprochene oder bewußt Vermittelte hinausgehen, damit vor, daß irgend etwas das volle Ausschöpfen des eigenen Potentials und das wirkliche Entfalten des eigenen Lebens verhindert, auch wenn es keine zwingenden materiellen Gründe dafür gibt.

Wenn wir Erwachsene es hingegen als Aufgabe annehmen, wir konsequent in dieses Leben hinein zu verwirklichen, wir selbst zu sein im existentiellen Tanz mit unseren Lebensumständen, können wir unseren Kindern Mut machen, als erste Generation durch das gelebte Beispiel der Eltern, wirklich liebend den *eigenen* Lebensweg zu gehen. Im Bezogensein auf das, was man Um- und Mitwelt nennt.

Wenn wir uns in unseren Liebesbeziehungen an die Transformation der Dreiecksproblematik machen und Liebe von einer Definition der Unvollständigkeit, des Habens, Besitzens, Beherrschens, Abhängigseins in den Bereich von Sein, Freiheit, Kreativität und echter Verantwortung überleiten, dann geben wir unseren Kindern die bestmögliche Chance, zu Erwachsenen heranzuwachsen, die wirklich Liebende sein können.

Verwirklichungsrahmen: Selbsthilfe

Die Idee bedingungslosen Liebens jenseits von Reglementierung und struktureller Einfriedung hat es seit Menschengedenken gegeben. Es gab auch immer wieder Verwirklichungsansätze.

Allermeist wurden daraus Tragödien, heroische Entwürfe ohne Gleichgewicht zwischen investierter und herausfließender Lebensenergie – oder aber kleine Fluchten, die nach gewisser Zeit mit der Rückkehr in das warme Bett des gemütlichen, vertrauten Elends endeten. Der reale Schritt von wechselseitigem Besitzen in Liebesbeziehungen hin zu einem Zustand des *Seins* steht noch aus.

Wir haben heute andere Bedingungen; wir können die Experimente derer, die vor uns waren, dankbar annehmen und sie nutzen – und damit ihrem Leben eine Würdigung geben. Heute können wir uns viel offener zeigen als die, die wir sind, ohne Angst vor Bestrafung, sozialer Ausgrenzung. Wir haben aber auch die Verantwortung, offen zu sein für das So-Sein des anderen.

Von allein, nur durch die Güte des Himmels oder die unaufhaltsame Logik der Geschichte, passiert allerdings nichts. Die Verwirklichung einer Idee braucht immer Menschen, die sie in und mit ihrem eigenen Leben vorantreiben. Gott sei Dank gibt es Trainingshilfen, Strukturen, die einen sicheren Raum bieten, um sich anderen Menschen, die mit derselben Frage konfrontiert sind, zu öffnen. Hier haben Gedanken, Gefühle, Erinnerungen, Befürchtungen, Hoffnungen Platz.

Es ist Banalität, daß sich Dinge am leichtesten in die Wirklichkeit hinein entfalten können, wenn dieser Prozeß in einem offenen, interessierten, nicht wertenden Austausch stattfindet.

Damit wächst auch die Fähigkeit, mit dem eigenen Selbst in einer sich entwickelnden Beziehung zu stehen.

Wenn auch du voll Sehnsucht bist, Liebesbeziehungen jenseits des Sich-wechselseitig-Besitzens zu leben, dann tu dich mit anderen zusammen, die auf diesem Weg sind. Wenn du dir selbst und anderen alles zeigen kannst, was in dir nach Verwirklichung drängt, kannst du wählen, was davon du aus-leben willst. Das Gelebte wird dann eher im lebendigen Bezogensein zu dem Ganzen stehen.

Niemand wird dir etwas abnehmen können, aber es gibt Unterstützung, um von da, wo du gerade stehst, den gemäßen nächsten Schritt zu machen, Pannen zu beheben, Inspiration zu finden und Energie freizusetzen.

Gründe doch eine Selbsthilfegruppe für liebendes Menschsein.

In solchen Gruppen könnten Erfahrungen ausgetauscht werden. Die realen, konkreten Verhaltensmöglichkeiten, die Menschen experimentell ausprobiert haben, können benannt und besprochen werden. Es entsteht dann ein gemeinsames Experiment: Die persönlichen Erfahrungen werden wie Forschungsberichte zusammengetragen. Auf der Basis vieler Einzelerfahrungen können wir dann beim nächsten Schritt mit einer größeren Erfolgsgewißheit handeln. Intuitive Gewißheit beruht dann auf einem soliden, immer wachsenden Erfahrungswissen.

Inhalte werden banale, alltägliche Erfahrungen und Fragen sein wie zum Beispiel:

- Wieviel Offenheit braucht es in einer Liebesbeziehung zwischen mehr als zwei Menschen und wieviel Diskretion?
- Was ist liebende Offenheit, und was ist ein Dem-anderen-alles-Überstülpen, ob er nun Interesse zeigt oder nicht?
- Was ist Ehrlichkeit?
  Besteht Ehrlichkeit darin, nach einer Liebesnacht mit meiner Geliebten meiner Frau Videofilme mitzubringen, auf denen alles aus verschiedenen Blickrichtungen aufgenommen ist? Oder ist Ehrlichkeit nicht so sehr ein Verhalten als eine Hal-

tung, eine Hingabe an mich selbst und die Bereitschaft, alles mitteilen zu können, aber nichts mitteilen zu *müssen*?

Ist Ehrlichkeit vielleicht nicht so sehr eine Eigenschaft des einzelnen, sondern Ausdruck eines Bezogenseins aufeinander? Ist sie vielleicht Ausdruck einer gemeinsam entwickelten Intuition, wie das Erzählte vom Gegenüber aufgenommen wird?

In der lebendigen Vernetzung einer Gruppe werden solche theoretisch erscheinenden Fragen konkret, indem Menschen einfach nur von sich und den Erfahrungen, die sie auf *ihrem* Weg machen, erzählen. Gegenseitige Ratschläge, mit denen sich einer zum Experten aufwirft, werden nicht gegeben, das ist eine altvertraute, bewährte Tradition zum Beispiel aus dem 12-Schritte-Programm.

In dem Moment, in dem du in einer solchen Gruppe von deinen Erfahrungen sprichst, entläßt du sie aus dir heraus, identifizierst dich, zumindest für den Moment des Sprechens, nicht mit ihnen, brauchst sie auch nicht mehr zu rechtfertigen. Und jeder kann sie bei der Wahl des nächsten Handlungsschrittes nutzen oder verwerfen.

Die Frage ist dann nicht mehr: Was ist besser oder schlechter, richtiger oder falscher – meiner Frau nach der Liebesnacht mit meiner Geliebten die Videos abzuliefern oder sie anzulachen, wenn ich heimkomme.

Es geht dann darum, aus dem Reichtum und der Vielfalt der gemeinsam zusammengetragenen Möglichkeiten eine auszuwählen – oder eine neue Antwort zu kreieren, mit der ich, jetzt und hier, den nächsten Schritt im gemeinsamen Tanz mache. Dieser ist ein fortwährendes, liebendes Experiment, in tiefem Ernst, in Verpflichtetsein und Leichtigkeit.

Dann geht's nicht mehr darum, *die* Antwort zu finden, sondern durch unser Liebesleben Fragen zu stellen ans Leben schlechthin, eine uns gemäße Antwort zu wählen und damit in die nächste Runde zu tanzen, die ihrerseits wieder eine Frage ans Leben ist.

Teil 4:

Von Scham zu Selbstliebe

Von möglichen Gründen
aus denen Du Dich lieben könntest
glaub' ich keinen einzigen
grundlos weiß ich
Du hast allen Grund

                   L.

Selbstliebe

«Meinst Du, eine totale Hingabe an sich selbst ist möglich, und wenn ja, was sind wir dann über uns hinaus?»

L.

Stell dir vor, einer deiner Freunde würde dir eröffnen, er bewundere sich, sei von sich selbst begeistert.

Dein innerer Computer würde wahrscheinlich hektisch alles durchchecken und dann ausdrucken:

«Irgend etwas muß faul sein.»

Entweder:

«Sein Selbstbewußtsein ist so gering, daß er's nötig hat, das mit großen Worten zu überspielen» oder

«Jetzt spinnt er tatsächlich!» oder

«Es ist wirklich peinlich, wie er sich benimmt. Wo kämen wir denn hin, wenn wir nicht ein bißchen Zurückhaltung übten?»

Und nun stell dir vor, auch du selbst würdest wagen, dich selbst offen zu bewundern und von dir begeistert zu sein. Du würdest so selbstverständlich darüber sprechen wie von deiner Begeisterung über das Wunder eines Neugeborenen, der Schönheit einer anderen Person, einer Mozartsymphonie oder eines Sonnenunterganges.

An deiner Reaktion kannst du erkennen, wie sehr die Sündenfallmythologie immer noch wirksam ist. Sie bildet die Basis für unseren Umgang mit uns selbst, mit unseren Nächsten und mit der Welt überhaupt. Ihre Grundaussage: «Ich bin unzulänglich und schlecht.»

Wie könnte ich so vermessen sein, etwas zu bewundern, das schlecht ist?

Selbstablehnung ist die Basis unserer Zivilisation. Es gibt eine sehr einleuchtende einfache Begründung dafür: In den ersten Jahren unseres Lebens haben wir uns langsam *unsere* Antwort geschaffen auf die existentiellen Grundfragen:

WER BIN ICH?
WER SIND ALL DIE ANDEREN?
UM WAS GEHT'S HIER EIGENTLICH,
UND WAS HABE ICH ZU TUN?

Kaum einer verfügte beim Lösenmüssen dieser Rätsel über einen Kontext bedingungsloser Liebe, Annahme und Wertschätzung. Doch unser Überleben hing von der erfolgreichen Beantwortung dieser Fragen ab.

Ich habe schon in anderen Zusammenhängen das Thema angeschnitten: Es gibt keine Eltern, die neben ihrer absoluten Begeisterung für das neue Leben, das in ihre Mitte gekommen ist, nicht schon sehr früh auch Momente haben, in denen dieser Balg sie verunsichert, ihnen auf den Wecker fällt, lästig ist, sie mit Sorge erfüllt. Für Erwachsene sind dies unbedeutende Nebensächlichkeiten. Für das neue Wesen ganz und gar nicht. Deshalb landete jedes Kind, das heißt auch Du und Ich, letztlich bei dem, was man in der Psychoanalyse die «Identifikation mit dem Aggressor» nennt – in der verzweifelten Hoffnung, *damit* eine funktionierende Antwort auf die Grundfragen zu finden. In Unterwerfung oder in Rebellion haben wir dann gesagt: «Ja, du hast recht, an mir stimmt etwas nicht. Ich bin nicht so, wie ich sein sollte.»

Und dann kommt, je nach religiösem Hintergrund, als Überbau dazu: «Ich bin schlecht und sündig.» Wenn ich mich selbst erniedrige, kann mir armem Sünder vielleicht unverdiente Gnade und Verzeihen zuteil werden, und ich erhalte auch ein bescheidenes Plätzchen am Tisch des Lebens.

Dieser Sachverhalt ist so sehr zu einem Tabu geworden, daß ihn die meisten von uns gar nicht mehr bemerken, geschweige denn auf den Gedanken kämen, auszuprobieren, was geschieht, wenn wir uneingeschränkt zu uns selbst sagen: «ICH LIEBE MICH, DEN, DER ICH BIN.»

Statt dessen finde ich Fehler an mir, mache mich klein, oder aber ich wähle die andere Seite der Medaille: die narzißtische Selbstüberhöhung.

Manche stellen es dabei geschickt an und schaffen es, lange Zeit, manchmal sogar das ganze Leben, sich und andere zu bluffen. Diejenigen, die es nicht so geschickt anstellen, landen in der Lächerlichkeit, in der Klapse oder an einem anderen nicht so angenehmen Ort.

Wie sollte es denn nun gehen, daß ich, der ich in mehr oder weniger erfolgreich übertünchter Selbstabwertung steckengeblieben bin, in meinen Liebesbeziehungen echte Liebe, Bewunderung und Begeisterung empfinden und leben kann?

Ich kann nicht zu jemandem sagen: «Ich liebe dich!», ohne genauso selbstverständlich auch zu mir selbst sagen zu können: «Ich liebe dich!» Und ich kann nicht zulassen, daß eine andere Person mich wirklich liebt, wenn ich das nicht selbst tun kann.

Im Mythos von Narziß hat diese Verwerfung von Selbstliebe Ausdruck gefunden unter dem Motto: Selbstliebe ist lebensgefährlich.

Narziß ist ein Selbst-Verliebter, der dadurch beziehungslos ist. Er ist existentiell allein, weil es für ihn keine Welt außerhalb der eigenen gibt, oder höchstens als Erweiterung der Möglichkeit zur Selbstbewunderung. Er ist deshalb getrennt von der Wirklichkeit des Lebens. Letztlich ist er so nicht überlebensfähig, und die Geschichte endet auch damit, daß er sich, nachdem er in verzückter Betrachtung sein Spiegelbild in einem Teich entdeckte, aus unerfüllbarer Sehnsucht nach sich selbst, den Tod gab!

Die Angst, sterben zu müssen, wenn wir uns selbst lieben und bewundern, ist mächtig. Die Angst, wir könnten zu asozialen Wesen werden wie Narziß, wenn wir uns radikal und bedingungslos selbst lieben, wenn wir uns trauen, uns selbst zu vertrauen, hat dazu geführt, daß wir wirklich asoziale Wesen geworden sind. Ein Blick in die Welt genügt, um dies deutlich werden zu lassen.

Doch nicht Selbstliebe ist gefährlich, sondern die Mythen, die wir darum gesponnen haben. Sie halten eine Sicht der Welt aufrecht, an der wir zugrunde zu gehen drohen. Wir müssen die Narzißgeschichte neu schreiben. Dafür haben wir keinen besseren Ort als unser eigenes Leben. Ich wüßte nicht, auf wen oder was ich warten sollte, bevor ich wage, den Schritt zu machen und zu bekennen: ICH LIEBE UND BEWUNDERE MICH.

Es war Heinz Kohut, der vom *Glanz im Auge der Mutter* sprach, den das kleine Kind einfach nur durch sein So-Sein (etwas anderes hat es nicht zur Verfügung) bewirkt. Dieses Leuchten sagt: «Ich bin verzückt von dir, so wie du bist, jetzt.» Es ist die Basis für das Sich-willkommen-Wissen in dieser Welt und damit für das Sich-willkommen-Wissen in sich selbst, das meist verschüttet wird im Laufe der Erziehung und dann wieder mühsam freigeschaufelt werden muß.

Was ist eigentlich lächerlich daran, wenn ich als Erwachsener zu meinem inneren Kind sage: «Du, ich liebe und bewundere dich bedingungslos, ich bin glücklich, daß es dich gibt»? Was ist seltsam daran, wenn ich mir das Recht herausnehme, den kleinen Jungen in mir bedingungsloser und konsequenter zu lieben, als dies meine eigenen Eltern mit ihren Begrenzungen je konnten? Das heißt nicht Blindheit für die eigenen Fehler. Im Gegenteil, ich kann mich dann eher in der Gesamtheit meiner Menschlichkeit wahrnehmen und verantwortungsvoll damit umgehen, brauche nichts mehr zu beweisen oder zu rechtfertigen, sondern kann meine Energie und Kreativität dazu nutzen, Verhalten und Eigenschaften entstehen zu lassen, die von mir selbst und anderen bejaht werden können.

Bei seelisch Schwerstgestörten wird dieser Ansatz unter der Bezeichnung *Reparenting* erfolgreich angewandt. Warum sollte ich, als über 50jähriger Erwachsener, mir nicht das Recht herausnehmen, mein eigener liebevoller Therapeut zu sein?

Von menschlicher Grösse

*I*CH BIN EIN WUNDER, ICH BIN VOLLKOMMEN.
In diesem Grundkontext taucht meine Lebenswirklichkeit
auf. Nichts, was ich lebe, so widersprüchlich es auch erscheinen
mag, ist unvereinbar damit.

Wenn ich mich meiner selbst schäme, mich kritisiere und
mich klein mache (oder aber das dazugehörige Gegenstück: mich
aufblase), lade ich andere ein, mich ebenfalls so zu sehen, und
gebe ihren kritischen, abwertenden, entmutigenden Äußerungen
über mich Raum und Kraft.

Es scheint, als ob wir gemeinsam in einem Komplott ver-
strickt seien: Wir liefern uns gegenseitig immer von neuem Beispiele dafür, wie klein und unvollkommen wir doch sind. Kaum
wagt es einmal einer von uns, *schamlos* von seiner Größe zu sprechen, schon weisen wir ihm nach, daß auch er im Grunde nur ein
aufgeblasener kleiner Angeber und Gernegroß ist. Der in diesem
Komplott erzeugte Kontext menschlicher Wirklichkeit lähmt die
natürliche Entwicklungstendenz, das Wachstum der uns innewohnenden Größe.

Die Möglichkeit, menschliche *Größe* zu leben, ist weit davon
entfernt, selbstverständliches Allgemeingut zu sein. Statt dessen
wird sie einigen wenigen Menschen zugeschrieben, die *über sich
selbst hinausgewachsen* sind und dann zu «Helden» stilisiert
werden, Wesen, die nicht mehr einfach nur Menschen sind.

Dabei gibt es gelebte Momente von Größe in unserem eigenen Leben, Gebiete, in denen wir groß, Lebensbereiche, in denen
wir transformiert sind – freie, erwachsene Co-Autoren unseres
eigenen Lebens, statt mehr oder weniger mit sich zufriedene
Hampelmänner.

Es braucht nur den Mut, uns gegenseitig darin zu unterstüt-

zen, daß wir (im vollen Wissen um unsere Bedingtheit, Begrenztheit und Unvollkommenheit) unsere wunder-vollen Seiten zeigen, daß wir offen von unserer Größe sprechen und ihr damit die
Möglichkeit bieten, sich zu entfalten.

Wenn wir uns gegenseitig fördern, menschliche Größe zu
einer Selbstverständlichkeit in unserer Gemeinschaft werden zu
lassen, dann können die vereinzelten Inseln, in denen das einge-
übt wird, zusammenwachsen und immer größere Areale bilden.

Ich werde dann meiner Größe, so gut ich das vermag, in immer mehr Bereichen meines Lebens Ausdruck verleihen, statt
mir selbst und anderen das Recht zu geben, meine Unvollkom-
menheiten und Begrenztheiten zu mißbrauchen und das zarte,
verletzbare Wunder immer wieder mit Füßen zu treten und
kleinzuhalten.

Ich wähle bewußt entsprechende Freunde und Freundinnen,
damit wir uns gegenseitig bei diesem Vorhaben unterstützen. Das
hat nichts mit der kindlichen Hoffnung zu tun, daß ich eines Tages am «Ziel» angekommen sein und mein Potential an menschlicher Größe voll entwickelt haben werde, auch nichts mit der
Verfolgung eines Zieles, das in nebelhafter Ferne vor mir liegt.

Jederzeit bin ich schon dort. Und solange ich lebe, werden der
Weg und das Ziel immer neue Formen annehmen. Menschliche
Größe als gesicherten, unveränderlichen Besitzstand wird es
nicht geben in diesem realen Leben. Transformation ist eben kein
Zustand, Transformation ist ein Prozeß und kann nur da begin-
nen, wo wir gerade sind.

An einem anderen Ort anfangen zu wollen hieße, die Kraft
des Jetzt zu verschleudern.

Ein guter Ausgangspunkt sind unsere Beziehungen zu den Menschen, die wir unsere Liebespartner nennen. Dort sind die Gegensätze am deutlichsten: auf der einen Seite Scham, Unfreiheit
und Angst, auf der anderen Sehnsucht und Sehnsuchtsgewißheit,
das erfahrene Wissen um die Möglichkeit von Größe und Freiheit.

Ein Märchen?

(Menschen, die schon einmal bei einer Geburt – außer der eigenen – dabei waren, ist es wahrscheinlich leichter zugänglich.)

*E*s wird in das Leben hineingeboren, in eine Existenz als potentiell selbständiges Wesen, getrennt vom Rest dieser Welt. Es ist ein vollkommenes Wunder und ein absolutes Geschenk, Gesandter aus der *anderen* Welt, die sich in den riesigen dunklen Augen des Neugeborenen spiegelt.

Und zur gleichen Zeit ist es absolut verletzbar, unselbständig, und angewiesen auf das, was es zum Über-Leben und Wachsen in dieser Welt braucht und sich nicht selbst beschaffen kann. Ein *Anderes,* das Es langsam als anderes begreift, muß sich voraussagbar und verläßlich dieser Not-Wendigkeiten annehmen.

Anfänglich verfügt Es über fast kein Handwerkszeug zur zielgerichteten Verständigung mit der Welt außerhalb der *Unio mystica* mit der Mutter. Wenn Es des anderen als *anderen* gewahr wird, taucht als Erfahrung, (lange bevor es benennende Worte dafür hat) Ausgeliefertsein auf – auf Leben und Tod.

Es erlebt Unverständliches und ist verwirrt:

Manchmal wird Es von Wellen des Entzückens und der Liebe durchdrungen, begleitet von Handlungen, die sich seiner materiellen Not-Wendigkeiten wirkungsvoll annehmen.

Dann ist Es glücklich, alles ist gut, so wie es ist, und Es, das langsam lernt, sich als etwas von einem Gegenüber Getrenntes zu begreifen, ist mit sich selbst eins.

Dann wiederum, unvermittelt, spürt Es, dass die, von denen Es abhängt, sich von ihm abwenden. Es bekommt Panik, denn für den absolut Abhängigen bedeutet Alleingelassenwerden den Tod.

Langsam entsteht eine vorsprachliche – und gerade deshalb später nur schwer zugängliche – «Erkenntnis»: «Wenn ich so bin, wie ich bin, riskiere ich den Tod! Da bin ich nun, vollkommen und strahlend, Botschafter all dessen, was, seitdem es Menschen gibt, von Menschen als heilig angesehen wird, und bange um mein Leben.»

Damit wächst Es langsam in eine Welt hinein, in der das Gewahrsein seines Wunder-Seins nur noch unzureichend Förderung und Ermutigung erfährt, während das Gewahrsein der eigenen Mangelhaftigkeit und Abhängigkeit immer mehr Nahrung erhält und sich verfestigt. In seiner Abhängigkeit kommt Es auch nicht auf den ungebührlichen Gedanken, die *anderen* könnten mangelhaft («böse», in den Begriffen der moralisierenden Wertung, die allmählich auftaucht) sein, sondern Es nimmt das für ihn Naheliegendste an:

«Diese übermächtigen, riesigen Wesen sind vollkommen. Der Fehler liegt bei mir. Um zu überleben, darf ich nicht so sein, wie ich bin, muß ein anderer sein. Unmöglichkeit, zum Verrücktwerden. Ich muß *mich* verstecken, muß versuchen zu ergründen, wie mich die anderen gerne hätten. Auf die Dauer reicht's nicht aus, mich nur zu verstellen. Nein, ich bin dann überzeugt, daß ich die Rolle bin, die ich spiele.»

Das ist die Welt des Kleinkindes, überaus kompliziert, verwirrend und gefahrvoll. Und ... das Leben ist nicht aufschiebbar, bis Es einen besseren Durchblick hat. Erwachsenwerden bedeutet, daß Es motorisch immer selbständiger und letztlich fähig wird, sich ohne Hilfe von einem spezifischen anderen durchs Leben zu bewegen. Aber irgendwie scheint ein Mechanismus zu laufen, der verhindert, daß die Menschen, die sich Erwachsene nennen, dies auch wirklich merken, glauben und sich entsprechend verhalten.

Es wäre schön, wenn wir merkten, daß wir *wieder* die Möglichkeiten haben, das WUNDER zu sein, daß wir in Liebesbeziehungen WUNDERN begegnen können und nicht sich wechselseitig manipulierenden Kleinkindern in Erwachsenenkostümen, besessen und getrieben von der dunklen Angst, sterben zu müssen, wenn der Gebliebte aufhört, einen zu lieben und sich von einem abwendet.

Wir könnten uns in unseren Liebesbeziehungen gegenseitig daran erinnern, wer wir wirklich auch heute noch sind: WUNDER. Ein Märchen?

Selbstliebe und Erwachsensein

Weil ich Dich nicht brauche,
um mich selbst lieben zu können,
kann ich Dich
bedingungslos und uneingeschränkt
lieben.
Weil ich nichts von Dir brauche,
ist alles, was von Dir kommt,
ein wundervolles Geschenk.

L.

Die Psychoanalyse definiert Erwachsensein unter anderem so, daß selbstbezogene, narzißtisch orientierte Libido sich in objektbezogene Libido gewandelt hat. Ich und Nicht-Ich (das Du, das Liebesobjekt) *müssen* danach zwei körperlich voneinander getrennte Wesen sein und nicht nur seelische Instanzen, die zeitweise auch in *einem* Körper beheimatet sein können.

In diesem Denkschema ist Selbstliebe etwas, das nach Stehengebliebensein auf einer kindlichen Ebene riecht. Vor allem in der Sexualität. Onanieren bei Erwachsenen zum Beispiel hat für einen gestandenen, orthodoxen Psychoanalytiker Krankheitswert. Es ist Sexualität einer früheren Stufe – der «Autoerotik» –, sie ist kindlich und unreif.

In dieser Sichtweise braucht es immer ein materiell existierendes anderes menschliches Wesen, um in Liebe sein zu können. Liebe wird wie eine Tauschware gesehen oder aber wie eine Besatzungsmacht («die libidinöse *Besetzung* des Liebesobjektes»).

Liebe wird zu etwas Dinghaftem.

Es gibt auch andere Möglichkeiten, Liebe zu definieren: Liebe ist ein Seinszustand. Er taucht in Menschen und durch sie hindurch auf und begegnet sich selbst wieder im anderen, im

Geliebten. Liebe ist dann nicht mehr etwas Personales, sondern etwas Trans-Personales im eigentlichen Sinne des Wortes.

In-Beziehung-Sein heißt auch, in der Liebe sich selbst begegnen, sich ihrer in sich selbst gewahr werden. Hier geht es nicht mehr um Ich und Nicht-Ich, sondern um Ich, das für sich selbst immer auch das Du ist. Auch da ist die Sexualität vielleicht der deutlichste Ausdruck. Onanieren wird dann ein Tanz zwischen einem Lustbereitenden und einem, dem Lust bereitet wird. Jedes enthält das jeweils andere in sich. Beide Pole sind materiell in ein und derselben Person enthalten.

Der psychoanalytische Erwachsenenbegriff ist Ausdruck einer Übergangsstufe. Erst wenn ich mir selbst als Gegenüber ein Du bin, ist Liebe zu dem Du außerhalb von mir, dem Nicht-Ich, möglich.

Erwachsensein ist dann erreicht, wenn Selbstbezogenheit zu Allbezogenheit gewandelt ist, die *Person* aber dennoch weiterbesteht und so wirklich einer anderen *Person* begegnen kann.

Jenseits der sexuellen Abhängigkeit

Sich selbst zu lieben,
ist der Beginn einer
lebenslangen Romanze.

O. WILDE

Wer kennt es nicht, dies alte Lied, «Sie/er ist frustriert, weil er/sie nicht so häufig, nicht so ... will.»

Die Beziehung ödet vor sich hin. Im günstigsten Fall entsteht mit der Zeit etwas, das seit Freud als erfolgreiche Sublimierung bezeichnet wird, eine Transformation der sexuellen Energie in eine andere Art von (gemeinsamer?) Lebenserfüllung. In den allermeisten Fällen jedoch ist sexuelle Abhängigkeit («Zur Erfüllung und zum Stillen meiner sexuellen Bedürftigkeit brauche ich *Dich*!») ein nicht unbeträchtlicher Beitrag dazu, daß aus dem Wunder Lieben ein kleinlicher und kleinmütiger Grabenkampf geworden ist.

Die meisten Liebesbeziehungen gehen davon aus, daß mit dem Schließen der Beziehung eine Art vertraglicher Übereinkunft erzielt ist, wonach man von nun an wechselseitig und ausschließlich für die Erfüllung emotionaler und sexueller Bedürftigkeit zuständig und verantwortlich ist. Das hat sich selbst in der Rechtsprechung niedergeschlagen, in der das Ausmaß des wechselseitigen sexuellen Anspruchs in Ehen festgelegt ist. Sexuelle Abhängigkeit und Rechtsanspruch auf Beischlaf werden so strukturell fixiert. – Eine seltsame Art, mit einem Wunder umzugehen!

Das Resultat ist, daß Sex in den meisten Beziehungen zur wichtigsten Nähevermeidungsstrategie und Regressionspforte geworden ist. Wir haben uns zwar angewöhnt (zum Beispiel mit

Hilfe einer Paartherapie), «an diesem Problem zu arbeiten», trotzdem herrscht ein Grundkonsens, daß die sexuelle Bedürftigkeit zweier oder mehrerer Menschen auf Dauer nicht unter einen Hut zu bekommen ist. Leiden scheint unvermeidlich, weil das Anderssein des anderen, auf den man ja angewiesen ist, die eigene Befriedigung und Erfüllung erschwert.

Es gibt einige Wege, diesem Dilemma zu entkommen. Die meisten gelten jedoch irgendwie als anrüchig.

Da ist einer, den man so beschreiben könnte: «Ich bin dem sexuellen Erfülltsein verpflichtet. Wenn es, aus welchen Gründen auch immer, mit *dir* nicht geht, dann habe ich die Freiheit, Erfüllung dort zu finden, wo ich sie finde, mit wem ich sie finde.»

Da illegal, konnte dieser Ansatz nie kultiviert und erprobt werden. Was blieb, war das Bordell, waren Seitensprünge, Schäbigkeit, Würdelosigkeit und wechselseitige Verletzungen, oder, heute, mit dem Ausschlagen des Pendels auf die Gegenseiten, der anonym-promiske Beziehungslosigkeitssex.

Ein zweiter Weg erfreut sich ebenfalls nicht uneingeschränkter gesellschaftlicher Wertschätzung. Schon die Benennungen dafür sind Ausdruck davon. Wer kann sich etwa vorstellen, daß «ich masturbiere» etwas absolut Wunderschönes, mystisch Geiles, Liebendes sein kann? – Klingt eher nach der Handlung eines Metzgers, der gerade Würste abfüllt.

In Ermangelung von etwas Besserem wähle ich den Ausdruck «Onanieren», weil er derzeit am gängigsten ist. Auch dafür gab es bisher keinen Kontext für ein spielerisches Kultivieren. Es blieb nur die schäbige, schuld- und schamgefühlbeladene Heimlichkeit mit oder ohne «Wichsvorlage».

Dabei ist's so einfach: Bei Sex geht es um das, worum's dabei geht, was immer das ist, die Form und Ausdrucksweise ist sekundär. Jede Form, in der die Erfüllung möglich ist, ist gleich-gültig. *Eine* Form haben wir immer zur Hand im wörtlichen Sinn. *Ein* menschliches Gegenüber ist immer vorhanden, einen Spielgefährten habe ich immer und überall.

> Der wichtigste Mensch ist
> immer der,
> mit dem du gerade bist,
> die wichtigste Stunde
> ist immer die gegenwärtige,
> die wichtigste Tat ist immer
> die Liebe.
>
> Meister Eckehart

Wenn ich mir die Freiheit gebe, mit mir selbst zu sein, mich selbst zu lieben, zu begehren, verzückt zu sein mit mir, dann hört Onanieren auf, *Ersatzbefriedigung* zu sein, und wird zu *einer* möglichen Form sexuellen Ausdrucks, gleich-wertig mit allen anderen.

Das klingt einfach, es bedeutet aber eine Revolution, wenn wir aufwachen zu der Tatsache, daß wir in einer Welt jederzeitigen Überflusses sexueller Ausdrucksmöglichkeiten leben.

Mangel daran besteht nur deshalb, weil wir über die Jahrtausende glaubten – und diesen Glauben durch die von uns geschaffenen Lebensbedingungen immer wieder bestätigen –, daß wir auch noch als Erwachsene immer einen ganz bestimmten anderen brauchen, um Zugang zur Erfüllung von Liebe, Begehren, Zärtlichkeit, Nähe, Verbundensein und Geborgenheit zu finden. Wenn Liebesbeziehungen und Ehen von der Zwanghaftigkeit des Aufeinanderangewiesenseins erlöst sind, dann können Wunder geschehen.

Es gibt wirklich keine zwingende Begründung für die Unausweichlichkeit wechselseitiger sexueller Abhängigkeit. In einer der vielen Spielarten kann Onanieren als etwas dem Koitus Ebenbürtiges kreiert werden.

Sex mit mir selbst

ist mehr als das Gebrauchen meiner Geschlechtsorgane zum Herbeiführen eines bestimmten Gefühls beziehungsweise des mehr oder weniger lustvollen Loswerdens eines Staus. Ich bin verliebt in mich selbst, mein eigenes Gegenüber, das sich liebend selbst berührt, aufmerksam und staunend, mit Gespür und Zärtlichkeit und unendlicher Geilheit, und ich bin der, der von sich selbst berührt wird.

> Masturbation ist Sex mit der
> Person,
> die ich am meisten liebe.
>
> Woody Allen

Wirklich liebend mit mir selbst als einem personalen Gegenüber zu sein gehört zu den stärksten Tabus. Trotz des Gebots: «Liebe Deinen Nächsten *wie dich selbst.*»

Doch bei diesem Tabu – wie bei so vielen anderen auch – haben wir heute keine realen Strafen mehr zu befürchten, wenn wir es brechen. Wir müssen nur die Dinge im wörtlichen Sinn selbst in die Hand nehmen und uns auf das Wagnis einlassen, uns selbst liebend zu entdecken – auch wenn's Durststrecken gibt, weil's ungewohnt ist.

Es lohnt: Die verzückte Begegnung von Auge in Auge im Spiegel des Selbst.

Sex mit einem inneren oder realen Bild
Vulgarisiert die Verwendung von phantasierten oder realen «Wichsvorlagen».

Es kann auch anders sein. Buddhistische Mönche erschaffen sich eine sogenannte *Tulpa*, eine Geliebte, die sie sich meditierend materialisieren, ein wirkliches Gegenüber, dem sie sexuell begegnen. Es ist müßig zu spekulieren, ob diese Mönche wirklich eine Frau aus Fleisch und Blut erschaffen oder ob es eben doch nur Phantasie ist.

Es geht nicht so sehr um die Frage der materiellen Wirklichkeit des Gegenübers, sondern um die Wirklichkeit des In-Beziehung-Seins.

> «... und Sehnsucht habe ich
> nach Dir, weißt Du, die von der
> wundervollen süßen Sorte, der
> ich nur ab und zu zulächeln muß
> und der ich mit einem tiefen
> Atemzug sage: ‹Komm her, ich
> bin hier, und wir werden einen
> besten und schönsten Tag
> haben.› ...»   L.

Wenn ich mit meiner Geliebten onaniere, dann ist sie für mich in diesem Moment präsent als die, die sie ist, ich bin *ihr* nah. Sie ist mehr als eine Projektion, eine Hampelfrau, die ich, weil sie sich ja nicht wehren kann, nach Gutdünken mit meinen Regieanweisungen dirigiere. Es ist wirkliches Liebe-Machen mit ihr, und das ist etwas fundamental anderes, als sie als «Wichsvorlage» zu benutzen.

Sex mit mir selbst in Gegenwart des anderen

Einigermaßen hoffähig geworden im Zuge der Safer-Sex-Kampagne. Auch hier zwei Welten: heimlich sich einen runterholen, wenn man miteinander frustriert ist, entweder hoffend, daß der andere nichts mitkriegt davon, oder aber provokativ und trotzig sich selbst einen Orgasmus zu verschaffen, wenn und weil der andere nicht kann oder will.

Andererseits die Möglichkeit eines wunderschönen Spiels: den anderen einzuladen, dabeizusein, wenn ich ganz und nur mit mir bin. In die Erregung einzutauchen, im wunderschönen Gewahrsein der Gegenwart des anderen, und dennoch ganz bei mir selbst zu bleiben.

Es gibt so unendlich viele Arten, Sex zu leben, alle sind in sich vollständig und gleichwertig. Heute verfügen wir über die Voraussetzungen, sie aus der Potentialität in unsere gelebte Wirklichkeit hinein-zu-holen.

Wir haben jederzeit Zutritt zum Paradies, wenn wir die Türen benutzen, die gerade offenstehen, statt, fordernd oder verstimmt, darauf zu bestehen, daß wir durch eine ganz bestimmte Tür hinein müssen, auch wenn diese gerade nicht geöffnet ist. Wenn wir wollen, kann das öde Beziehungsthema um sexuelle Bedürftigkeit und die damit einhergehenden Tragödien und absurden Theaterstücke voller Leiden und Kleinlichkeit der Vergangenheit angehören.

Sex, ob mit sich selbst oder einem körperlich getrennten anderen, kann ein wunderschönes, absichtsloses, leichtes Spiel der Ekstase sein.

Ausdruck von Liebe in einer Welt der Liebe.

Vollständigkeit

In Reaktion auf den Gedanken,
daß wir in uns selbst vollständig sein könnten,
nicht bedürftig der Ergänzung und damit nicht abhängig,
kommt oft, beinahe erschrocken, der Einwand:
dann würde ich ja nichts mehr mit anderen Menschen zu tun
haben müssen,
zum Einzelgänger werden
allein
und, o Gott, vielleicht sogar einsam.

Nein, wenn ich in mir vollständig bin,
kann das wahre Abenteuer erst beginnen:
das Erfinden von immer neuen gemeinsamen Projekten, Spielen,
Tänzen, Arbeiten
mit anderen «Vollständigen»,
in intensivstem, absichtslosem Wollen
und großer Ernsthaftigkeit,
Kunstfertigkeit
und der Bereitschaft zu Freude und Lachen.

Aber auch die Möglichkeit, als Säulenheiliger in der Wüste
auf einem Felsen zu sitzen,
geröstete Heuschrecken zu knabbern wie Kartoffelchips,
wilden Honig dazu zu schlecken
und vor Genuß leicht aufzustöhnen.

Sex, Ekstase, Schamlosigkeit und Unschuld

> *«Meinst Du, Schamlosigkeit trägt zum Rein-Werden bei? Jedenfalls bin ich für Schamlosigkeit, unbedingt, mit Dir – im Sinne von Freiheit und Herausforderung. Nicht im verletzenden Sinn. Ich glaube, es gibt auch eine verletzende Schamlosigkeit, dann, wenn Scham gleich Schutz ist. Daß ich Dich schamlos lieben kann – ich hätte mir nie träumen lassen, was für ein Geschenk das ist...»* L.

Sex, die sinnlich lustvollste Stippvisite im Paradies, ist neben all dem, was er sonst noch ist, die häufigste und weitgenutzteste Möglichkeit, um
an Körper und Seele ganz nackt und bloß zu sein,
eins mit dem Kosmos und damit mit sich selbst zu sein,
im Vergehen zu entstehen,
zu sterben in Lust
und in die Absolutheit der Lust
hineingeboren zu werden,
zu gleicher Zeit absolut irdisch und göttlich zu sein.

Es gibt unzählige andere Wege zur gelebten Ver-Wirklichung dieser «Dinge»:
Ich kann mich an einen Vollmondspaziergang im nordfriesischen Watt erinnern,
kann mich erinnern an einen Augen-Blick mit einer mir wildfremden Frau,
daran, wie die erste Orange geschmeckt hat, die ich als 4jähriger nach dem Krieg von amerikanischen Besatzungssoldaten geschenkt bekam,

daran, als ich im Novemberregen stundenlang am Meeresstrand saß, vor mir nur die graublaue, in tiefen Zügen atmende Unendlichkeit.

An die Monate nach der Geburt unseres ersten Kindes,
daran, wie ich Erich Fried's «Es ist, was es ist» zum ersten Mal las,
an Momente tiefster Begegnung im Verlauf einer Therapiesitzung,
an Kind-Sein in absoluter Geborgenheit und Ebenbürtigkeit bei SaiBaba in Putta Parthi.

All diese Momente waren unterschiedliche Ausdrucksformen von Ekstase.

Ekstase ist der Seinszustand des Gewahr-Seins, der Einheit mit allem, der Seinszustand, in dem Ich und Nicht-Ich gleichzeitig und gleich-wertig *sind*. Sex, die weitverbreitetste und häufigste Ausdrucksform, ist die am zwiespältigsten besetzte, obwohl oder gerade weil es diejenige ist, die mit einem Höchstmaß an aktiv herbeiführbarem lustvollem Erleben verknüpft und zudem leicht zugänglich ist.

Warum gerade dieser Weg so wenig *ganz* gegangen werden kann und oft in einem letztlich doch irgendwie schäbigen Kontext nicht ganz erfüllter Sehnsucht auftaucht, ist ein Rätsel. Das, was am meisten zur Überwindung der Trennung von *Ich* und *Nicht-Ich* dienen kann, ist auch mächtigster Ausdruck der Verfestigung des Getrenntseins – und dies bei immer neuen Verlockungen, Verheißungen und Annäherungen an die Erfüllung. Sex als Sehn-Suchtmittel, das süchtig gesucht wird.

Es sieht so aus, als gehöre zur Grundausstattung dessen, was wir menschliche Natur nennen, auch eine mächtige Angst davor, *das* zu verwirklichen, nach dem wir uns am meisten sehnen. *Unsere Welt* könnte ja auf Nimmerwiedersehen verschwinden, wenn wir uns ganz der Auflösung hingeben, wenn wir Glück *sind*. Es ist die Angst, Ich, mein Ego, würde nach dem Sterben im süßen kleinen Tod nicht wieder auferstehen.

Da Sex die einzige Ausdrucksform von Ekstase ist, die zu allen Zeiten massenweise gelebt wurde und zudem noch mit dem Drängen der Biologie versehen ist, war er immer Hauptzielscheibe für alle systemerhaltenden Ideologien.

Verbote allein waren nicht ausreichend wirksam, wurden immer wieder übertreten, selbst wenn die zur Abschreckung angedrohten und praktizierten Strafen oft Horror pur waren. Deshalb hat die Angst das Verbot mit der Scham garniert. Die sorgt selbst dann, wenn das Verbot *im Handeln* übertreten wird, dafür, daß es *wesensmäßig* eingehalten wird. Denn wer sich schämt, übertritt das Verbot nicht *wirklich,* sondern anerkennt seine Gültigkeit.

Scham lebt in vielen Formen – Peinlichkeit, Lächerlichkeit, Kleinheit, Ekel … fast überall auf der Welt.

Daß es sich dabei dennoch nicht um eine genetisch-instinkthaft verankerte Komponente der Conditio humana handelt, zeigten – inzwischen korrumpierte oder ausgerottete – Kleinkulturen, in denen Sexualität auf das unschuldigste selbstverständlich und auf das selbstverständlichste unschuldig war. Es waren «schamlose» Kulturen, in denen Sex gerade deshalb nicht zu einer bedrohlich-systemsprengenden Kraft wurde, sondern einfach wunderschöne Banalität, banales Wunder war. Kulturen, in denen es weitgehend gelungen war, Sexualität als leichtes, heiteres Spiel zu gestalten.

Für uns haftet diesen Kulturen etwas Kindliches an, das uns den Vorwand gab, sie geringzuschätzen. – Wo kämen wir denn auch hin, wenn die Vertreibung aus dem Paradies doch nicht wirklich stattgefunden hätte oder wenn es uns freistünde, ins Paradies zurückzukehren?

Was uns diese Kulturen vorführten, weckte tiefe Sehnsüchte nach einem Leben im Zustand der Unschuld, der Zeit vor der Trennung von Ich und Du, von mir und Welt. Wenn aber die Möglichkeit der Unschuld auftaucht, leuchtet eine Warnlampe, und das Ich kriegt's mit der Angst zu tun, es könnte außer Funktion gesetzt werden. Scham ist ein probates Mittel, um diese Urangst zu besänftigen.

Vielleicht gibt es aber doch einen praktikablen Ansatz für ein ekstatisches Leben, indem wir die inzwischen erfolgte Individuation bejahen und sie nutzen, um über sie hinauszuwachsen, Lust zu leben, um die Glückseligkeit jenseits der Lust zu er-leben.

Dieser Ansatz taucht in den unterschiedlichsten Kulturen immer wieder auf.

Eine – nicht notwendigerweise körperlich-sexuelle – Form finden wir in den meist religiösen Schulen ekstatischer Spiritualität und spiritueller Ekstase: Die tanzenden Derwische, die Chassidim und christliche Mystiker sind Beispiele.

Die Nutzung des naheliegenden, lustvollen Zuganges über die Sexualität gab es jedoch auch – von den tantrischen Riten bis zu den spirito-sexuellen Praktiken in der Frühzeit einiger christlicher Sekten. Lust wurde hier nicht als gefährlich bekämpft, nicht einzig der harte, selbstquälerische Ansatz der Selbstüberwindung bekam das Siegel göttlicher Legitimität verliehen. Lust wurde als Vehikel benutzt, um von der sexuellen zur spirituellen Schamlosigkeit zu gelangen, zum Gewahrwerden und Leben der eigenen Göttlichkeit.

Dieser Ansatz wurde nie verstanden als Rückkehr ins Paradies, die den *Sündenfall* nicht zur Kenntnis nimmt. Vielmehr gibt er dem Gewahrwerden des Getrenntseins Platz und transformiert es in disziplinierte Hingabe, nutzt sexuelle Ekstase als Weg zu einem ekstatischen Leben überhaupt.

Wenn ekstatischer Sex Ausdruck eines auch sonst ekstatisch wachen Lebens ist, wenn immer wieder von sexueller Ekstase Ermutigung ausgeht, sie auch ins sonstige Leben zu tragen, dann ist *ganzes* Leben möglich.

Wenn sexuelle Ekstase aber Ersatz für ekstatisches Leben ist, erlaubtes Reservat in einer ansonsten grauen, resignierten Welt, bestätigt sie diese. Dann kann Sex auch nicht *wirklich* gelebt werden, weil immer ein letzter Rest von Getrenntsein, von Gehemmtsein und Zurückhaltung, von Peinlichkeit, Angst, Scham bleibt. Auch wenn's völlig anders aussieht.

Wenn wir als Spezies Mensch auf dieser Erde weiterexistieren wollen, müssen wir unsere Gottesnatur erkennen und sie leben, müssen *bewußt* Co-Autoren, Co-Regisseure und gestaltende Mitspieler im Leben, diesem nie endenden Prozeß von Wachstum und Entwicklung sein. Dazu müssen wir schamlos sein. Und wo wäre Scham freudvoller, lustvoller und erfüllter zu transzendieren als in dem Bereich, den man Sexualität nennt? Das wäre die Rückkehr in den Zustand der Unschuld, das Schließen des Kreises, indem wir wieder beim Anfangspunkt ankommen. Diesmal wach-bewußt und damit für ihn verantwortlich: zu Ende geführte Individuation, nicht ihre Leugnung oder Aufhebung.

Diesen Weg nennt man Transformation.

Vielleicht meinte Jesus das, als er davon sprach, daß wir wieder werden müßten wie die Kinder.

Der Weg zur Überwindung von Scham und Schuld über die Selbstentsagung, das Bekämpfen und leidgetränkte Überwinden des Egos, in dem sich unser *wahres Wesen* verloren hat, hat nicht funktioniert, außer für eine kleine Minderheit. Doch zumindest hat dieser Weg Einzeltransformationen ermöglicht und damit auf die Möglichkeit zur Transformation überhaupt hingewiesen.

Heute steht jedoch nicht mehr die individuelle Transformation an, sondern Transformation der Menschheit in ihrer Gesamtheit. Es ist an der Zeit, den asketisch-harten Weg durch den lustvoll-ekstatischen zu ersetzen, immer dann, wenn wir eine Gelegenheit dazu haben.

In der Sexualität sind die Verkleidungen und Formen der Erfahrung von Scham unbegrenzt. Sie reichen von der Scham über das Begehren bis zur Scham, die mich hindert, das, was ich als großartig erlebt habe, aus der sexuellen Begegnung in den Alltag hineinzutragen.

Das schlimmste Vergehen in einer «Scham»-Kultur besteht darin, sich nicht zu schämen, daß man sich nicht schämt, wenn man sich schämen sollte. Wenn ich mich schäme, kann ich wenigstens auf mildernde Umstände hoffen.

Scham ist einer der erfolgreichsten Ansätze der Realitätsvermeidung, ein Spiel, in dem man immer verliert. Wir bekriegen uns für etwas, was die Natur in uns angelegt hat, was auftaucht und leben will, setzen uns dafür herab, machen uns schlecht. Statt dessen könnten wir unsere Kreativität und lebendige Energie dem Abenteuer widmen, aus den unendlich vielen Möglichkeiten, die in unseren Phantasien und Träumen auftauchen, in Freiheit die zu wählen, die wir im Bezogensein auf das, was *außer uns* ist, ins Leben hineinleben.

Wenn ich mich selbst liebe, so bedingungslos wie möglich, einfach weil ich bin, der ich bin; wenn ich mich selbst liebe in allem, was ich bin und tue, in all dem, was sich in meiner Innenwelt abspielt, in all dem, was sich in meinem Spiel mit der Außenwelt abspielt, wenn ich mich liebe in allem, alles bejahe, allem Platz gebe und es spielerisch und verantwortlich in diesem großartigen Experiment, das mein Leben darstellt, einsetze, dann habe ich die Freiheit der Wahl zwischen den unendlich vielen Möglichkeiten. Dann werde ich wahrscheinlich Spiele spielen, die sich für alle Beteiligten leicht und gut anfühlen können.

Das Heilmittel für Scham, die Basis für Unschuld, ist Selbstliebe.

ICH LIEBE MICH SELBST BEDINGUNGSLOS UND
ICH BIN SO EIN GESCHENK FÜR EINE SCHAMLOS, BEDINGUNGSLOS SICH SELBST LIEBENDE ANDERE.

Die zwei Gesichter der Scham

*E*ine Freundin sagte, sie vermisse, daß der Scham auch eine positive Funktion eingeräumt werde. Scham sei wichtig, um sich zu schützen, wo man am weichsten und verletzbarsten sei. Scham über Bord zu werfen, das habe sie sattsam probiert in den wilden Jahren nach '68. Bei aller Würdigung der Wichtigkeit tabusprengenden Verhaltens seien von damals Narben, Selbstvorwürfe und ein Entschluß geblieben, in der Scham nicht mehr nur Negatives zu sehen.

Wir kamen darauf, daß es sich zum Teil um eine sprachliche Schwierigkeit handelt, weil, zumindest im Deutschen, der Begriff Scham mehrere, absolut konträre Inhalte in sich birgt.

Da ist zuerst einmal die Scham, von der im vorangehenden Kapitel die Rede war, die uns dazu bewegt, unser innerstes Selbst ängstlich zu verbergen und immer in Angst zu leben, ertappt, bloßgestellt und abgelehnt zu werden. Diese Art von Scham verhindert Beziehung zu mir selbst und damit auch rückhaltlose Hingabe in der Beziehung zu einem anderen, verursacht ein schlechtes Gewissen (und führt dann im Gegenzug zu grobschlächtigem, beziehungslosem Überschreiten von Scham und Tabus). Sie ist eine Frucht dessen, was Alice Miller «die schwarze Erziehung» nennt, die auf der Prämisse beruht, daß menschliche Natur sündig, schmutzig und schlecht ist. Diese Form stellt kein schützenswertes Kulturerbe der Menschheit dar.

Die andere Art von Scham, die aus dem Wissen um das Zarte, Schutzbedürftige in uns entsteht, aus dem Wissen um die Verletzbarkeit des naiv-gläubigen Kindes mit den großen Augen, das bereit ist, rückhaltlos zu lieben, ist sehr wichtig, gerade in der Entfaltung von Liebesbeziehung, in dem Sich-Öffnen in einem sorgsamen Tempo und Ausmaß. Dieses bedingt ein Gespür für die eigene Verletzbarkeit und die Verläßlichkeit des Vertrauens in den Partner.

Das Französische hat zwei verschiedene Ausdrücke für diese beiden unterschiedlichen Aspekte der Scham. Da ist zum einen PUDEUR, der aus der weichen, kindlichen Naivität geborene Selbstschutz, die Behutsamkeit im Umgang mit Intimität fordert. Und da ist andererseits HONTE, die Schande, die Scham im gängigen Sinn, die Menschen dazu bringt, zu erröten, die Augen abzuwenden, die Schultern zu beugen und den Kopf zu senken.

In der Sexualität und in Liebesbeziehungen überhaupt ist die HONTE, in einer der vielen Masken der Selbstablehnung, so dominant und häufig, daß das daraus entspringende Leid der PUDEUR, der zarten Behutsamkeit, kaum eine Chance läßt, sich zu zeigen.

Die Auseinandersetzung mit diesem Thema hat Künstler immer wieder fasziniert und inspiriert zu Gemälden. Da sind einerseits die für sich selbst sprechenden Bilder der Vertreibung aus dem Paradies, mit dem Feigenblatt. Andererseits wunderschöne Darstellungen, zum Beispiel die Geburt der Venus von Botticelli, in denen die «Scham» durch die fließenden langen Haare und durch die behutsam vorgehaltene Hand verdeckt wird. Zarte Lebendigkeit und Wissen um die eigene Schönheit strahlen aus solchen Bildern und eine Sehnsucht, die die Verheißung der Hingabe in sich birgt.

Es wäre schön, wenn wir diese Form von Scham, die PUDEUR, in unseren Liebesbeziehungen kultivieren könnten, wenn wir sie betrachteten als Ausdruck unseres Wissens um die Kostbarkeit unseres eigenen Wesens und desjenigen unseres Partners und unserer Entscheidung, zärtlich, liebevoll und sorgsam damit umzugehen, das Heil-ige in mir selbst und im anderen zu ehren, zu bewundern und zu fördern.

Über das Idealisieren

*Ich weiß, daß mir Lächerlichkeit
auflauert, daß meine erlesenen
Gefühle der Banalität nicht entkommen können und daß jedes
Wort nur darauf wartet, jedes
Wort, jämmerlich oder vulgär, fad
oder grotesk, wenn nicht gar ab-
stoßend.*

B. GROULT

«Deine gestrige Bemerkung zum Thema Idealisieren hat mich berührt, zum Nachdenken angeregt. Mit Dir zusammen erlebe ich einen Kontext von Göttlichkeit und Vollkommenheit. Zum ersten Mal in meinem Leben habe ich keine Scheu vor großen Worten. Das fängt damit an, wenn ich sage: ‹Ich liebe Dich› oder ‹Ich liebe mich›.

Das Wort Liebe hatte früher oft einen Unterton von peinlichem Pathos. Ich habe mir dann eine intellektuelle Hilfskonstruktion gebaut: das ‹Commitment›, einen Zustand innerer Verpflichtung, in dem ich dem anderen mit einer Haltung begegne, die das Erblühen seiner Vollkommenheit unterstützt.

Seitdem ist Liebe für mich nicht nur ein Gefühl, das heißt, eine bedingte Reaktion, die vom Verhalten oder von den Eigenschaften des anderen abhängig ist. Ich habe gelernt: Ich selbst bin Quelle von Liebe, bin Liebender und kann deshalb mein Gegenüber mit den Augen der Liebe sehen. Das heißt nicht, über die reale Menschlichkeit des Geliebten wegzugehen.

Diese Konstruktion war hilfreich und hat vieles in Bewegung gesetzt. Aber zur *Erfahrung* wurde Liebe erst im Zusammenhang mit Dir.

217

… zum Idealisieren: Der gängige Kontext dafür ist der Zustand nach dem Sündenfall. Hier bin ich aus der Einheit herausgefallen und schiele sehnsüchtig nach der erahnten, aber nie wirklich erreichbaren – weil wesensmäßig von mir getrennten – Sache, dem *Ideal*. Idealisieren stellt den naiven Versuch dar, so zu tun, als sei die Trennung aufgehoben oder habe nie wirklich existiert. Das geht nur um den Preis von Verleugnen, Verdrängen, Zurechtbiegen der Realität des geliebten Menschen.

Dieses Idealisieren transzendiert nicht die Polarität, sondern leugnet sie, führt zu einem Entweder-Oder. Bei der nächsten Gelegenheit, zum Beispiel wenn ich aufhörte, verliebt in Dich zu sein, würde die verleugnete Seite der Polarität mit Macht wieder zurückkehren und als einzig mögliche Sichtweise erscheinen. Du wärst dann genauso ein Mangelwesen wie alles Existierende.

Möglicherweise würde ich mich kopfschüttelnd fragen, wie ich nur so hirnverbrannt sein konnte, dieses göttliche Wesen in Dir zu sehen, weil es ja auf der Hand liegt, daß Du nur eine ganz stinknormale Frau bist, wie alle anderen auch, und sonst gar nichts! Vielleicht würde ich meine vorangehende Idealisierung auf die Gefühlsverwirrung schieben, die halt zu dieser Psychopathologie gehört, die man Verliebtheit nennt.

Nein, so ist es nicht für mich. Du bist die, die Du bist, unabhängig davon, ob ich Dich nun idealisiere oder nicht. Wenn ich Dich allerdings in *meinem* Sinn idealisiere, öffne ich Dir Raum, um Deine eigene *Größe* zu leben und sie zu lieben.

Die Echtheit *dieser* Idealisierung zeigt sich in der Wirkung, die damit erzielt wird. Ein wenig anders formuliert: Es gibt eine wirklichkeitserschaffende *Idealisierung,* die das idealisiert Erfahrene Gestalt annehmen läßt. Idealisieren heißt hier für mich, daß ich eine Öffnung bin für etwas, das immer schon in Dir war, eine Öffnung, in die hinein es sich manifestieren kann.

Dieses Idealisieren entspricht der Aussage des Dalai Lama, daß die wirksamste und schnellste Art, sich eine Eigenschaft zu eigen zu machen, darin besteht, sie neidlos und rückhaltslos in den Menschen zu bewundern, die sie verkörpern.

Daneben gibt es die kitschige Idealisierung. Diese versucht eine mit dem idealisierten Bild unvereinbar scheinende Wahrnehmung des Geliebten mit Hilfe einer Art positiven Denkens aus der Welt zu schaffen. Es ist eine Strategie, die einen Misthaufen mit parfümiertem Zuckerguß bedeckt.

Ich idealisiere Dich, den ganz realen Menschen, der Du bist. – Für mich bist Du die schönste Frau der Welt.

Mit Krampfadern und Cellulitis.

Und das nicht per Willensentscheid, sondern durch die geschenkte Gnade dieser Wahrnehmung.

‹Die schönste Frau der Welt› ist kein Vergleich mit anderen Frauen, der daraus lebt, ‹schöner› zu sein als jemand anders. Wenn ich die ‹schönste Frau der Welt› auch in anderen Frauen sehen würde, so würde ich mich darüber freuen, und es würde dem, was ich in Dir sehe, keinen Abbruch tun. Ganz im Gegenteil.

In Dir zeigt sich mir die Wirklichkeit in ihrer Ganzheit und Vollkommenheit. Nicht ich sehe die Wirklichkeit, sie zeigt sich mir, und doch hat sie ihre Quelle in meinen Augen.

Das bezeichne ich als Gnade.

Dich in diesem Sinn idealisieren zu können ist Geschenk und Gnade für mich.

Im Sein mit Dir, Schwesterchen, bin ich Liebender. Und Du meine geliebteste Geliebte.

Mehr gibt es nicht zu sagen.»

Auf der Suche nach dem Glück

*Happiness is not
a place
to go to,
but
to come from.*

W. ERHARD

Seltsam, da rennen wir, obwohl wir alles haben, hinter Intensität, Glück, Daseinserfüllung her und versuchen verzweifelt anzukommen. Weder finden wir dabei mehr als einzelne Inselchen von Intensität, Glück, Daseinserfüllung, noch finden wir uns selbst und inneren Frieden. Rennen deshalb noch schneller, um noch mehr ausprobieren zu können, in der immer wieder neuen Hoffnung, es vielleicht dieses Mal zu finden. Doch eigentlich war schon vor dem Ausprobieren klar: Auch darin ist *es* nicht.

Logisch. Die Suche findet am falschen Platz statt, wie in dem bekannten Witz:

Da sucht ein Mensch im Scheine einer Straßenlaterne an einem dunklen, kalten und nassen Novemberabend etwas auf der Erde. Vergebens. Ein zufällig Vorbeikommender fragt ihn, was er denn tue. Er antwortet, er habe seinen Hausschlüssel verloren und suche ihn. Voll Nächstenliebe hilft der andere mit. Sorgfältigst erkunden sie jeden Fleck im Bereich des Lichtscheins der Laterne, mehrmals. Irgendwann beginnt der Helfer genug zu haben und fragt: «Bist du sicher, daß du ihn *hier* verloren hast?» «Nein», erwidert der Mann, «*hier* habe ich ihn *nicht* verloren. Ich habe ihn dort drüben unter den Bäumen verloren, aber hier ist es heller.»

Bei uns ist's ähnlich. Wenn's um das geht, was seit eh als das

Wichtigste im menschlichen Leben bezeichnet wurde, das, wonach sich alle sehnen, suchen wir chronisch am falschen Platz: Wir suchen *außerhalb von uns*.

Die Kluft zwischen zwanghaftem Jagen nach Erfüllung und fehlender Bereitschaft, selbst dafür zuständig zu sein, ist riesig, in allen Lebensbereichen. In Liebesbeziehungen wird's besonders deutlich: Mein Partner *muß* so sein, wie ich ihn brauche, sonst kann ich nicht glücklich sein. Ich gebe meine Verantwortung für mein Glück an ihn ab. Er macht's genauso und wartet ungeduldig darauf, daß ich endlich so bin, daß *er* glücklich sein kann.

Darüber geht das Leben vorbei. Beide sind frustriert und werfen dem anderen vor, er liebe sie nicht.

Dabei könnte alles einfach sein: Wir müßten nur dort suchen, wo wir den Schlüssel verloren haben, oder vielleicht würden wir, wenn wir in unsere Tasche langten, feststellen, daß wir ihn gar nicht verloren haben. Vielleicht hatten wir uns nur getäuscht, weil einige Tage vorher ein Freund uns erzählte, daß er auf der Straße seinen Haustürschlüssel verloren habe und wir jetzt mit dem Schuh an ein loses Stückchen Eisen gestoßen sind. Vielleicht haben wir in Wirklichkeit gar nichts verloren, das wir irgendwo oder irgendwie finden müßten.

Vielleicht war es *immer* bei mir, das Glück.

Das ist die simple Wahrheit. Leben wir danach, ermöglicht sie uns, mit einem Schlag aus der ganzen Öde herauszutreten, die viele Liebesbeziehungen nach einer gewissen Zeit kennzeichnet.

Ich darf mein Glück in die eigenen Hände nehmen und mir im wahrsten Sinn des Wortes das Leben nehmen.

LIEBEN

IST UNDENKBAR LEICHT

BESCHWERLICH SIND NUR DIE HINDERNISSE

DIE WIR ERFINDEN

L.

Anstelle eines Nachwortes:
Deklaration an mich selbst

Ich werde nicht mehr zulassen, daß Gleichgültigkeit mein Leben bestimmt – Gleichgültigkeit im Umgang mit mir selbst, dem Leben, anderen Menschen, der ganzen Schöpfung.
Ich werde nicht mehr zulassen, daß ich meine innere Stimme durch So-tun-als-Ob soweit dämpfe, daß sie nicht mehr störend ist.
Ich werde mich nicht mehr mit Halbheiten arrangieren und zurückstecken aus Faulheit oder Feigheit.
Ich werde nicht mehr zulassen, daß ich beherrscht werde und anderen die Verantwortung für mein Leben zuschiebe, auch wenn dies unbequem und schmerzhaft sein sollte.
Ich werde mein Leben leben als liebender, starker, aufrechter Mann, in Beziehungen mit mir selbst und damit mit allem, was ist. Berührt und berührbar durch Freude und Schmerz werde ich mir selbst ein liebender Begleiter, meinen Kindern ein guter Vater und den Menschen in meinem Leben ein aufrechtes, liebendes Gegenüber, ein klarer Spiegel sein.
Und ich werde mir Unterstützung holen, wenn ich sie benötige.

Wenn mir Fehler unterlaufen und ich einschlafe, so habe ich die Kraft und die Selbstliebe, mir zu verzeihen und mich aufwecken zu lassen.